国家电网
STATE GRID

U0655419

国家电网公司
生产技能人员职业能力培训通用教材

电气识绘图

国家电网公司人力资源部 组编
潘曙冰 主编

中国电力出版社
CHINA ELECTRIC POWER PRESS

内容提要

《国家电网公司生产技能人员职业能力培训教材》是按照国家电网公司生产技能人员标准化培训课程体系的要求，依据《国家电网公司生产技能人员职业能力培训规范》（简称《培训规范》），结合生产实际编写而成。

本套教材作为《培训规范》的配套教材，共72册。本册为通用教材的《电气识绘图》，全书共两章、21个模块，主要内容包括电气图的画法规则，电气图识读、绘制。

本书是供电企业生产技能人员的培训教学用书，也可以作为电力职业院校教学参考书。

图书在版编目（CIP）数据

电气识绘图 / 国家电网公司人力资源部组编. —北京：中国电力出版社，2010.5（2025.11重印）

国家电网公司生产技能人员职业能力培训通用教材

ISBN 978-7-5083-9640-8

Ⅰ. 电…　Ⅱ. 国…　Ⅲ. 电路图–识图法–技术培训–教材　Ⅳ. TM02

中国版本图书馆CIP数据核字（2009）第198226号

中国电力出版社出版、发行

（北京市东城区北京站西街19号　100005　http://www.cepp.sgcc.com.cn）

固安县铭成印刷有限公司印刷

各地新华书店经售

*

2010年5月第一版　2025年11月北京第二十一次印刷

710毫米×980毫米　16开本　6.625印张　119千字　1插页

印数60001—60500册　定价**28.00**元

《国家电网公司生产技能人员职业能力培训通用教材》

编 委 会

前　言

为大力实施“人才强企”战略，加快培养高素质技能人才队伍，国家电网公司按照“集团化运作、集约化发展、精益化管理、标准化建设”的工作要求，充分发挥集团化优势，组织公司系统一大批优秀管理、技术、技能和培训教学专家，历时两年多，按照统一标准，开发了覆盖电网企业输电、变电、配电、营销、调度等34个职业种类的生产技能人员系列培训教材，形成了国内首套面向供电企业一线生产人员的模块化培训教材体系。

本套培训教材以《国家电网公司生产技能人员职业能力培训规范》（Q/GDW 232—2008）为依据，在编写原则上，突出以岗位能力为核心；在内容定位上，遵循“知识够用、为技能服务”的原则，突出针对性和实用性，并涵盖了电力行业最新的政策、标准、规程、规定及新设备、新技术、新知识、新工艺；在写作方式上，做到深入浅出，避免烦琐的理论推导和论证；在编写模式上，采用模块化结构，便于灵活施教。

本套培训教材包括通用教材和专用教材两类，共72个分册、5018个模块，每个培训模块均配有详细的模块描述，对该模块的培训目标、内容、方式及考核要求进行了说明。其中：通用教材涵盖了供电企业多个职业种类共同使用的基础知识、基本技能及职业素养等内容，包括《电工基础》、《电力生产安全及防护》等38个分册、1705个模块，主要作为供电企业员工全面系统学习基础理论和基本技能的自学教材；专用教材涵盖了相应职业种类所有的专业知识和专业技能，按职业种类单独成册，包括《变电检修》、《继电保护》等34个分册、3313个模块，根据培训规范职业能力要求，Ⅰ、Ⅱ、Ⅲ三个级别的模块分别作为供电企业生产一线辅助作业人员、熟练作业人员和高级作业人员的岗位技能培训教材。

本套培训教材的出版是贯彻落实国家人才队伍建设总体战略，充分发挥企业培养高技能人才主体作用的重要举措，是加快推进国家电网公司发展方式和电网发展方式转变的具体实践，也是有效开展电网企业教育培训和人才培养工作的重要基础，必将对改进生产技能人员培训模式，推进培训工作由理论灌输向能力培养转型，提高培训的针对性和有效性，全面提升员工队伍素质，保证电网安全稳定运行、支撑和促进国家电网公司可持续发展起到积极的推动作用。

本册为通用教材部分的《电气识绘图》，由江苏省电力公司具体组织编写。

全书第一章由江苏省电力公司潘曙冰编写；第二章由江苏省电力公司潘东辉编写。全书由潘曙冰担任主编。安徽省电力公司杜和颂担任主审，安徽省电力公司周艳、叶远波参审。

由于编写时间仓促，难免存在疏漏之处，恳请各位专家和读者提出宝贵意见，使之不断完善。

国家电网公司 STATE GRID CORPORATION OF CHINA

国家电网公司
生产技能人员职业能力培训通用教材

目　　录

第一章 电气图的画法规则

模块1 常用电气图形符号（TYBZ00501001）

【模块描述】本模块介绍常用电气图中的元器件的图形标记，通过对图形符号的基本知识和绘图原则的讲解，掌握这些常用图形符号的形式、内容及它们之间的关系。

【正文】

一、图形符号的基本知识

电气图用图形符号是指用于电气图中的元器件或设备的图形标记，它是电气图的基本要素之一。电气制图与识图首先应了解和熟悉这些图形符号的形式、内容、含义及它们之间的关系，这是看懂电路图的基础。

图形符号有符号要素、一般符号、限定符号和方框符号四种基本形式，在电气图中，最为常用的是一般符号和限定符号。

1. 符号要素

符号要素是具有确定含义的最简单的基本图形，通常表示项目的特性功能，它不能单独使用，必须与其他符号组合在一起形成完整的图形符号。

2. 一般符号

一般符号是表示同一类元器件或设备特征的一种广泛使用的简单符号，亦称为通用符号，是各类元器件或设备的基本符号。一般符号不但从广义上代表了各类元器件，同时也可用来表示一般的、没有其他附加信息（或功能）的各类具体元器件。表 TYBZ00501001–1 中列举出几种一般符号，其他常用符号参见本模块“三、电气图用常用图符”中所列出的标准。

表 TYBZ00501001–1　　　几 种 一 般 符 号

序　号	图形符号	含　义	序　号	图形符号	含　义
1		电容器	2		电阻器

续表

序　号	图形符号	含　义	序　号	图形符号	含　义
3		半导体二极管	4	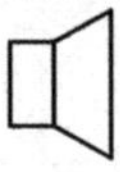	扬声器
……	……	……	……	……	……

3. 限定符号

限定符号是用来提供附加信息的一种加在其他符号上的符号，不能单独使用，而必须与其他符号组合使用。限定符号与一般符号、方框符号组合在一起，可派生出具有附加信息的元器件图形符号。表 TYBZ00501001–2 中列举出几种限定符号。

表 TYBZ00501001–2　　　　几 种 限 定 符 号

序　号	图形符号	含　义	序　号	图形符号	含　义
1		可调节性	3	+	正极性
2		交　流	4	—	负极性
……	……	……	……	……	……

4. 方框符号

方框符号是用正方形或矩形轮廓框表示较复杂电气装置或设备的简化图形，它一般高度概括其组合，不给出内部元器件、零部件及其连接细节，加上框内的限定符号、文字符号共同表示某产品的特性功能。方框符号通常用于单线表示法的电气图中，也可用在示出全部输入和输出接线的电气图中。表 TYBZ00501001–3 中列举出几种方框符号。

表 TYBZ00501001–3　　　　几 种 方 框 符 号

序号	图形符号	含　义	序　号	图形符号	含　义
1	形式1  形式2  形式3 	物件，例如： —设备 —器件 —功能单元 —元件 —功能	2	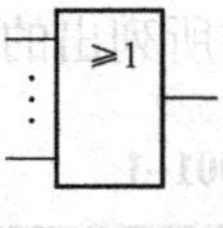	“或”元件
……	……	……	……	……	……

二、图形符号的绘制原则

（1）图形符号仅表示器件或设备的非工作状态，所以均按无电压、无外力作用的状态表示。如继电器和接触器在无电压状态，断路器和隔离开关在断开位置。

（2）图形符号的布置一般为水平或垂直布置，但电气图的方位不是强制性的，在不改变符号含义的前提下，可根据电气图布线的需要逆时针旋转（90°、180°或270°）或镜像布置，但作为图形符号一部分的文字符号、指示方向及某些限定符号的位置不能随之旋转，应遵循有关规定。

（3）图形符号旁应有标注，用以指明图形符号所代表的元器件或设备的文字符号、项目代号及相关性能参数。绘制的标准图形符号中的文字、物理量、元素符号应视为图形符号的重要组成部分。国家标准对图形符号的绘制尺寸并没有作统一规定，实际绘图中，图形符号均可按实际情况以便于理解的尺寸进行绘制，根据具体电气图的图幅情况缩小或放大，并尽量使符号各部分之间的比例适当，但符号各组成部分的比例、相互之间的位置应保持不变。

三、电气图用常用图形符号

读者在阅读本套教材时，根据需要，可以在所列举的标准中查阅有关的国家标准图形符号。

（1）GB/T 4728.2—2005　电气简图用图形符号　第2部分　符号要素限定符号和其他常用符号

（2）GB/T 4728.3—2005　电气简图用图形符号　第3部分　导体和连接件

（3）GB/T 4728.4—2005　电气简图用图形符号　第4部分　基本无源元件

（4）GB/T 4728.5—2005　电气简图用图形符号　第5部分　半导体管和电子管

（5）移植自其他技术文件的器件、连接和标记：

GB/T 4728.9—2008　电气简图用图形符号　第9部分　电信：交换和外围设备

GB/T 4728.10—2008　电气简图用图形符号　第10部分　电信：传输

GB/T 4728.11—2008　电气简图用图形符号　第11部分　建筑安装平面布置图

GB/T 4728.12—2008　电气简图用图形符号　第12部分　二进制逻辑元件

GB/T 5465.2—2008　电气设备用图形符号　第2部分　图形符号

【思考与练习】

1. 电气图用图形符号的基本形式有哪些？
2. 电气图用图形符号的绘制原则是什么？

模块2　电气设备的标注方法（TYBZ00501002）

【模块描述】本模块介绍电路图中常用电气设备图形标注方法，通过对这些基本标注方法的讲解和示范，使读者在绘制和阅读图纸时，能正确使用其标注方法。

【正文】

一、电气图中设备位置的表示法

在电气图中，为了标注中断线的另一端在图中的位置信息，或为了找到某一元件、器件的图形符号在图上的位置，当更改电路图时，也需要注明更改部分在图中的位置。以上这些情况，都涉及到如何表示元器件在图上的位置问题，为此对电气图中元器件的位置标记常用下述方法表达。

（1）表示导线去向的位置标记。在采用图幅分区的电路图中，查找水平布置的电路，需标明行的标记。而垂直布置的电路，需标明列的标记。对复杂的电路，则需标明“行”与“列”的组合标记。如图 TYBZ00501002-1 中所示的标记，“=El/112/D”表示三相电源线 L1、L2、L3 接至配电系统 E1 的第 112 张图的 D 行。

（2）表示图形符号在图上的位置。例如在图 TYBZ00501002-2 中，标记 2/2 表示触点 43—44 的驱动线圈图形符号在第二张图纸的 2 列，而标记 2/8 表示触点 83—84 的驱动线圈图形符号在第 2 张图的 8 列。

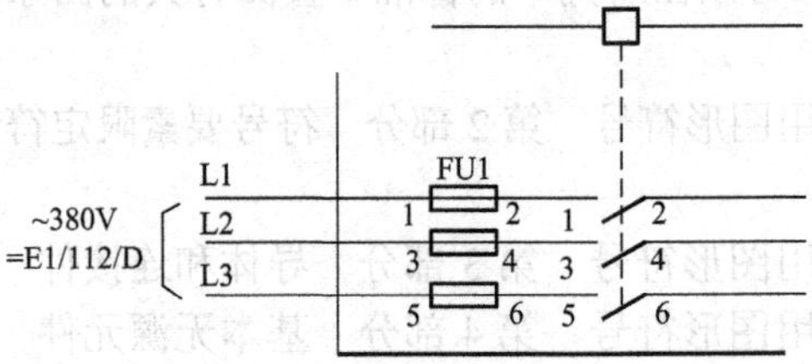

图 TYBZ00501002-1 表示导线去向位置的标记示例

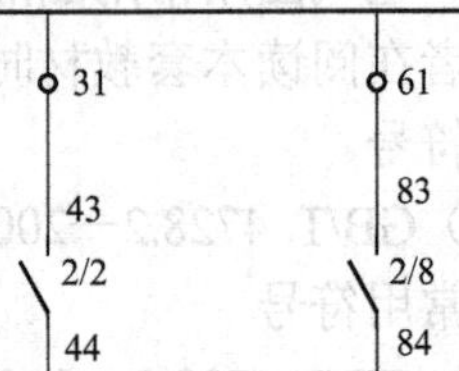

图 TYBZ00501002-2 表示图形符号位置的标记示例

二、元件组合符号的表示方法

为了清晰表示电路原理，元件的组合符号在图中可以采用下列的方法来表示。

（一）元件中功能相关的部分

1. 集中表示法

在电路图上，把一个组合符号的各部分列在一起的表示方法，称为集中表示法，见表 TYBZ00501002-1，集中表示法常用于比较简单的电路图中。

表 TYBZ00501002-1 集中表示法符号示例

序号	图形符号	含义	备注
1	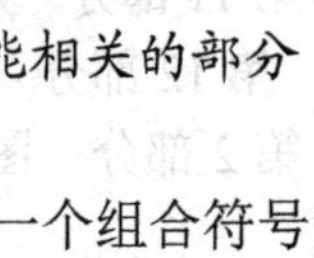	继电器	

续表

序号	图 形 符 号	含 义	备 注
2	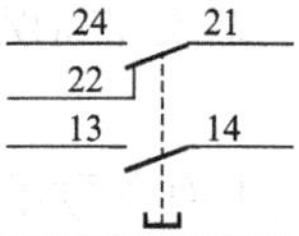	按钮开关	
3	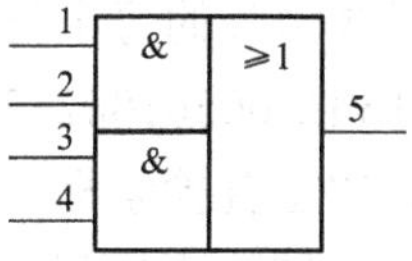	与或门	
4	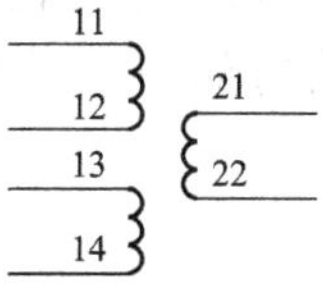	三绕组变压器	
5	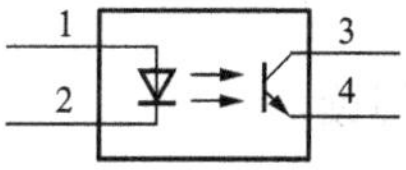	光耦合器	

2. 半集中表示法

在电路图上，把组合符号具有功能关联的各组成部分展开绘制，并采用机械连接符号 02—12—01，或采用电气连接符号 03—01—01 连接具有功能相关联的各组成部分的表示方法，称为半集中表示方法。半集中表示方法常见于机械功能相关联的元件图形符号，见表 TYBZ00501002–2 的序号 1、2，也见于二进制逻辑元件图形符号，见表 TYBZ00501002–2 的序号 3，标记 INT（internal 的缩写）表示封装单元的内部联系。

表 TYBZ00501002–2　　半集中表示法符号示例

序号	图 形 符 号	含 义
1	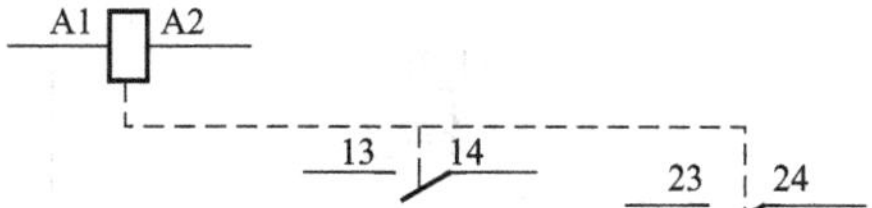	继电器
2	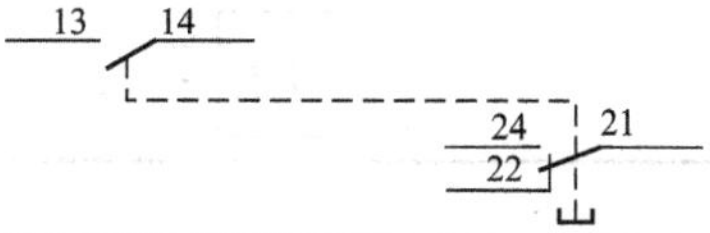	按钮开关
3	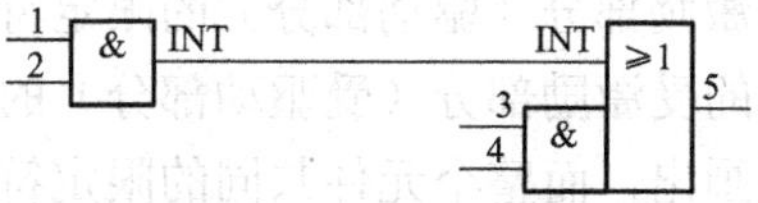	与或门

3. 分开表示法

把组合图形符号各个部分分散于电路图上，并标注同一个项目代号表示元件各部件之间关联的表示方法，称为分开表示方法，见表 TYBZ00501002–3。分开表示法绘制的电路图习惯称为展开图。

在分开表示法中，分散在电路图上的、功能上有关联的各组成部分之间的内部联系和连接是隐含的。为便于识别，元件各组成部分的每个符号旁标注同一项目代号，以表示它们之间功能上是关联的，见表 TYBZ00501002–3。为查找方便，必要时还示出从激励部分（驱动部分）到其他部分的位置检索标记，例如从线圈到触点的位置检索标记，也可以示出从触点到线圈的位置检索标记。

阅读展开式电路图时，判别各图形符号的内部功能联系和连接有如下几种方法：

（1）按照相同项目代号查找阅读。

（2）按照位置检索标记查找阅读。

（3）按照插图、插表中的检索标记查找阅读。

表 TYBZ00501002–3　　　分开表示法符号示例

序号	图形符号	含义
1	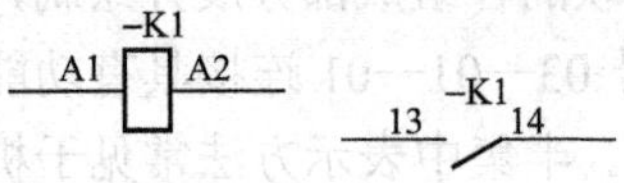	继电器
2	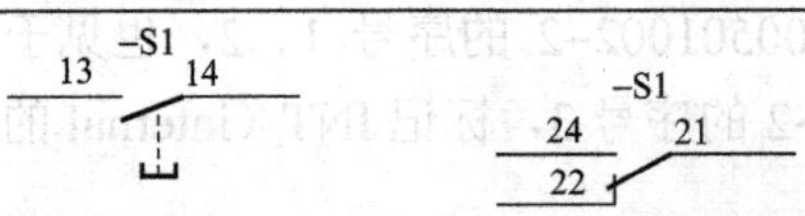	按钮开关
3		与或门
4		三绕组变压器
5		光耦合器

在分开表示法中，元件的激励部分（驱动部分）的限定符号随同激励部分（驱动部分）符号一同画出，元件的受激励部分（受驱动部分）的限定符号随同受激励部分（受驱动部分）符号一同画出，而整个元件共同的限定符号则和激励部分（驱

动部分）符号一同示出，见表 TYBZ00501002–4。

表 TYBZ00501002–4　　分开表示法中限定符号示出的示例

序号	集中表示法	分开表示法
1	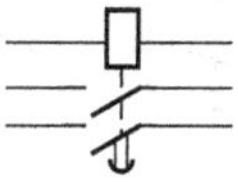	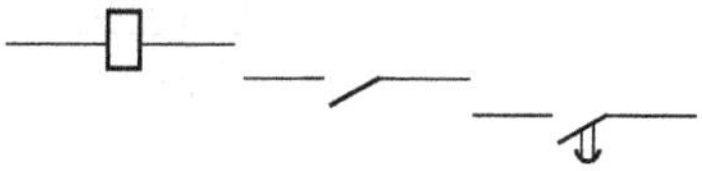
2	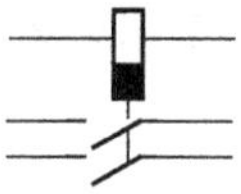	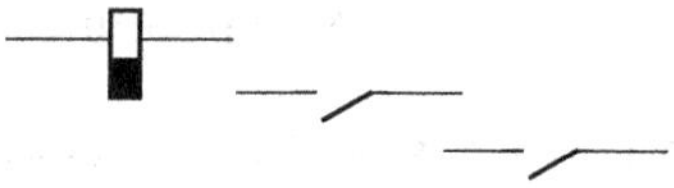
3	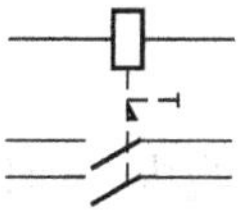	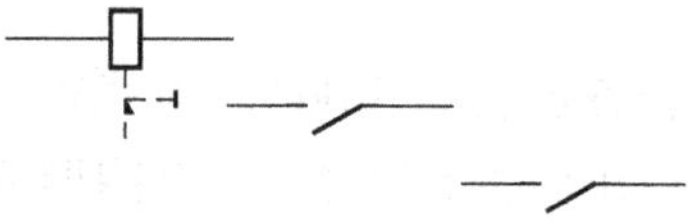
4	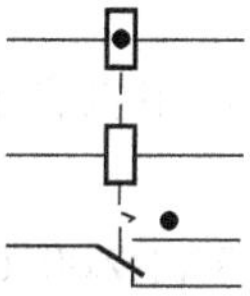	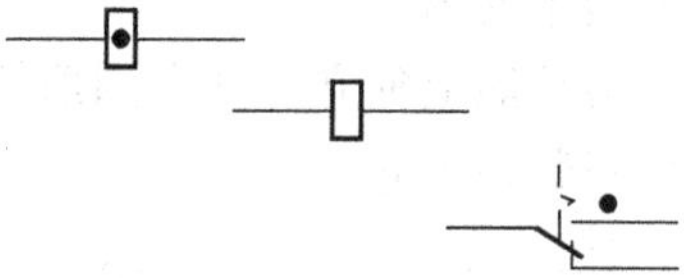
5	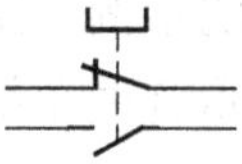	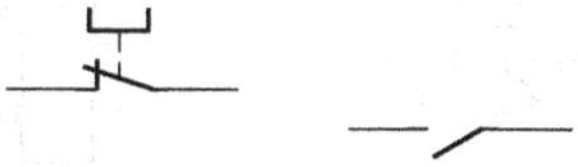

如上所述，限定符号通常只画在一处，因而在识读元件的功能时，应注意别处的限定符号，特别是激励部件（驱动部件）符号处的限定符号。

4. 重复表示法

一个组合符号以集中表示形式画在电路图的两处或多处，在每一处只部分对外连接，且标注同一个项目代号的表示方法，称为重复表示法，见表 TYBZ00501002–5。

表 TYBZ00501002–5　　重复表示法符号示例

序号	图形符号	含义
1	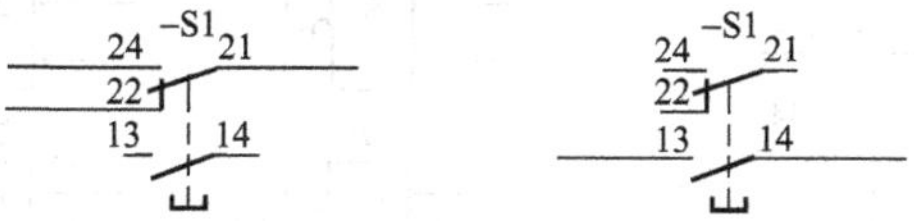	按钮开关
2	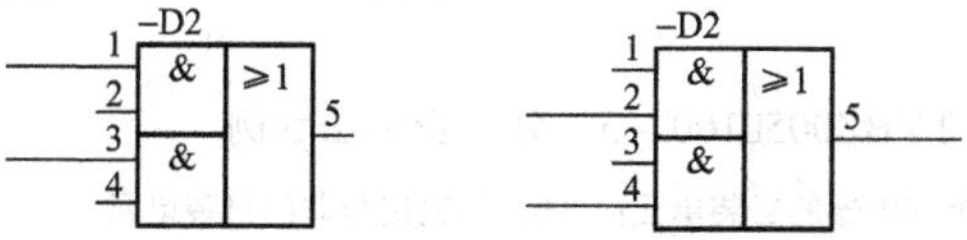	与或门

图中多处出现的同一端子均标注端子代号，但连接只有在一处示出。如果端子代号加括号，或使用特殊的识别符，是强调重复的意思，如图 TYBZ00501002–3 所示。

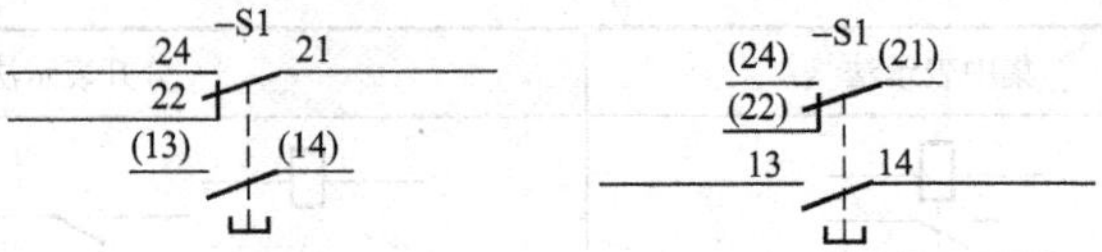

(a)　　　　(b)

图 TYBZ00501002–3　端子代号加括号表示重复

（二）元件中功能不相关的各部分

1. 组合表示法

组合表示法按下列两种方式表示：

（1）在功能上独立的几个图形符号画在同一围框线内，用以表示机电元件组装在同一安装单元内。

（2）将功能上独立的几个图形符号拼接画在一起，用以表示二进制逻辑元件或模拟元件封装在一起。

图 TYBZ00501002–4 为采用组合表示法的示例：图 TYBZ00501002–4（a）表示含两个继电器的封装单元；图 TYBZ00501002–4（b）表示四输出与非门封装单元。

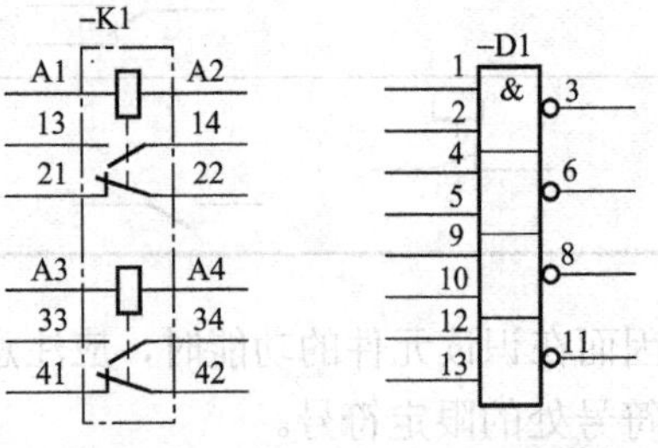

(a)　　　　(b)

图 TYBZ00501002–4　组合表示法示例

（a）含两个继电器的封装单元；（b）四输出与非门封装单元

2. 分立表示法

将封装在同一单元内，具有独立功能的各部分符号分开画于电路图上，且用同一项目代号标志的表示方法，如图 TYBZ00501002–5 所示。图 TYBZ00501002–5（a）所示元件与图 TYBZ00501002–4（a）所示等同，图 TYBZ00501002–5（b）所示元件与图 TYBZ00501002–4（b）所示等同。

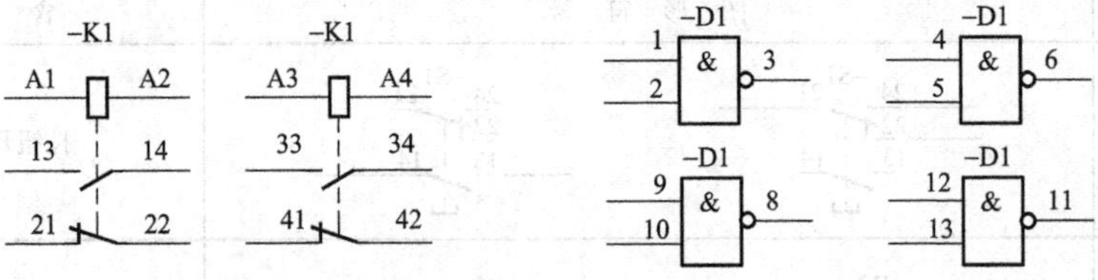

(a)　　　　(b)

图 TYBZ00501002–5　分立表示法示例

（a）含两个继电器的封装单元；（b）四输出与非门封装单元

三、可动部件工作位置的图示

元件的可动部件（如断路器手车、触点）有两个或多个位置，其中有的工作位置在撤除激励或外力后能稳定，有的则不能稳定。例如：多数继电器触点有两个位置，一个位置对应于非激励或断电状态（稳定），另一个位置对应于激励或通电状态（不稳定）；断路器手车有三个稳定位置——运行位置、试验位置和检修位置；而断路器主触点有两个位置——合闸位置和分闸位置。

1. 可动部件工作位置的图示

电路图示出的可动部件符号只能对应于一个工作位置。为了便于绘制和识读，国家标准 GB/T 6988.2—1997 统一规定，电路图中的可动部件符号对应在下列位置绘制：

（1）单稳态的手动或机电元件，诸如继电器和接触点在非激励或断电状态。在特定情况下，也可以表示在激励或通电状态，但此情况应在图中说明。

（2）两个或多个稳定位置的开关装置中，断路器在分闸位置，隔离开关在断开位置，其他开关装置可表示在其中任一个位置。

（3）标有断开位置的多个稳定位置的手动控制开关在断开（OFF）位置。未标有断开（OFF）位置的控制开关在图中规定的位置。

应急、备用、告警、测试等用途的手动控制开关，表示在设备正常工作时所处的位置，或其他规定位置。

（4）引导开关在图中规定的位置。

2. 多位置开关符号的位置识读

在阅读电路图中多位置开关时，除了读出开关的操作方式、触点数、触点形式与机械联锁功能外，还应读出如下位置信息：

（1）开关的工作位置数。

（2）开关的图示工作位置。

（3）哪些位置稳态；哪些位置非稳态。

【思考与练习】

1. 识别如下图所示符号的表示方法。

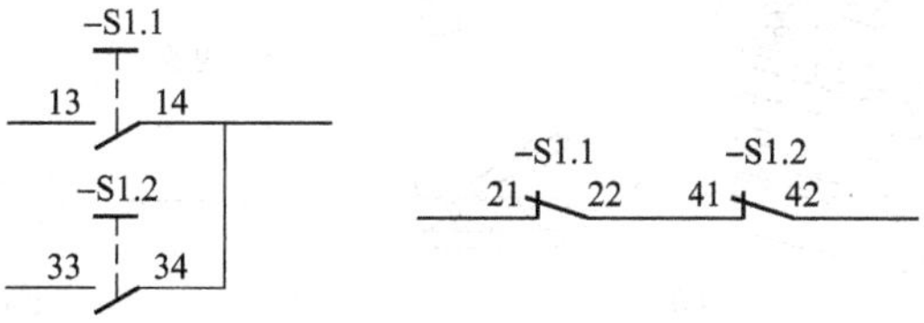

2. 电气组合符号在电路图上可以采用哪些表示方法？

3. 读出如下图所示的控制开关—SA 的位置（状态）信息。

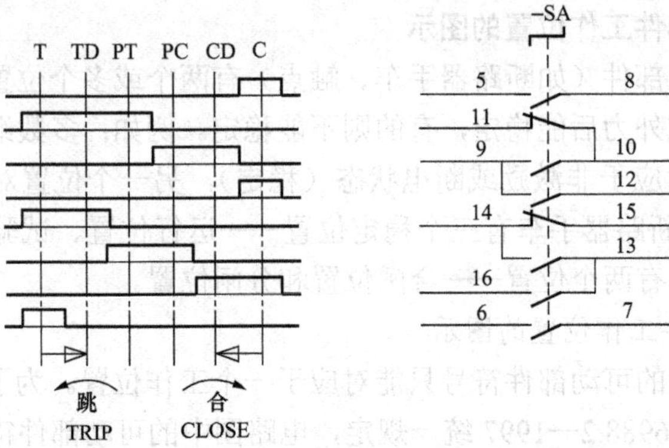

控制开关 LW2–Z–1a，4，6a，40，20，20/F8

模块 3　电路图和电路图的简化（TYBZ00501003）

【模块描述】本模块介绍电路图的种类和编制电路图时经常采用的一些简化方法。通过对电路图图例简化方法的讲解，使读者能正确识读电路图和简化电路图。

【正文】

一、电路图的概念

在掌握基本的制图和 CAD 绘图知识的前提下，应提高对电气图的制图与识图能力，为后续课程的学习、电气实习及职业技能鉴定顺利完成打下基础。本模块重点介绍电路图与识图基本知识。

电路是电流通过的路径，指的是各种电气设备和器件按照一定方式连接起来的总体。图 TYBZ00501003–1（a）是一个最简单的电路，电路主要由电源、负载、连接导线和控制元件组成。

为了便于分析计算电路，通常用规定的图形符号代表电路中的具体元件，用图形符号表示的电路称电路图，如图 TYBZ00501003–1（b）所示。

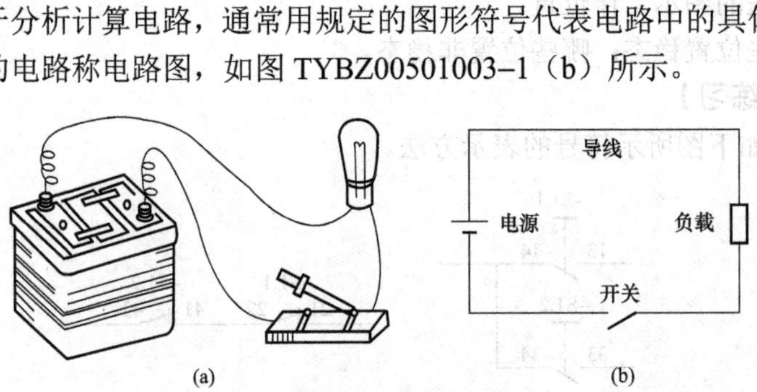

图 TYBZ00501003–1　最简单的电路及电路图

（a）电路；（b）电路图

电路图一般由电路、技术说明和标题栏三部分组成。电路通常由主电路和辅助电路组成。主电路是电源向负载输送电能的部分，一般包括发电机、变压器、开关、接触器、熔断器和负载等。辅助电路是对主电路进行控制、保护、监测、指示等的电路。标题栏画在电路图的右下角，其中注有工程名称、图名、图号、设计人等项内容。技术说明含文字说明和元件明细表等，在电路图的右上方。

表 TYBZ00501003-1 是常用的电气元件的图形符号。

表 TYBZ00501003-1　　常用电气元件的图形符号

元件名称	符　号	元件名称	符　号
理想电压源	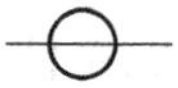	导线 T 型连接	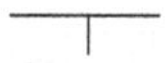
理想电流源		导线的双重连接	
电池	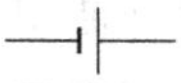	导线的不连接（跨越）	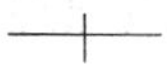
电阻器		开关	
可变电阻器	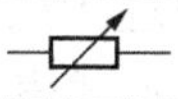	带滑动触点的电阻器	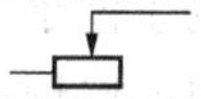
电感器		电压表	
电灯		电流表	
电容器	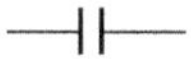	接地点	

二、电气图的种类

电气图按照表达形式和用途的不同，种类繁多，各种形式的电气图都从某一方面或某些方面反映电气产品、电气系统的工作原理、连接方法和系统结构。

（一）按表达形式分类

1. 图样

图样是利用投影关系绘制的图形，如各种印制板图等。

2. 简图

简图是用国家规定的电气图形符号、带注释的图框或简化外形来表示电气系统或设备中各组成部分之间相互关系及其连接关系的一种图，如框图、电路原理图、电路接线图等。简图并非电气图的简化图，而是对电气图表示形式的一种称呼。

3. 表图

表图是反映两个或两个以上变量之间关系的一种图，如表示电气系统内部相关各电量之间关系的波形图等，它以波形曲线来表达电气系统的某些特征。

4. 表格

电气图中的表格是把电气系统的有关数据或编号按纵横排列的一种表达形式，

用以说明电气系统或设备中各组成部分的相互联系、连接关系，也可提供电气工作参数，如电气主接线中的设备参数表。

（二）按功能和用途分类

1. 系统图（或系统框图）

系统图（或系统框图）是用图形符号或带注释的框，概括表明各子系统的组成、各组成部分的相互关系及主要特征，是一种简化图。

2. 电气原理图

电气原理图是用图形符号并按电气设备的工作顺序排列，表明电气系统的基本组成、各元件间的连接方式、电气系统的工作原理及其作用，而不涉及电气设备和电气元件的结构和其实际位置的一种电气图，目的是便于详细理解作用原理及分析和计算电路特性和参数。电气原理图由电源部分、负载部分、中间环节三大部分组成。电气原理图与框图、接线图、印制板图等配合使用，可作为装配、调试和维修的依据。电气原理图是有关技术人员不可缺少的资料。

为了便于分析和阅读，电气原理图又分为原理接线图和原理展开图。

（1）原理接线图。原理接线图以元件的整体形式表示设备间的电气联系，使看图者对整个装置的构成有一个明确的整体概念。原理接线图概括地给出了装置的总体工作原理，能够明显地表明各元件形式、数量、电气联系和动作原理，但对一些细节未表示清楚。

（2）展开接线图。对于较复杂的辅助电路，利用展开接线图的形式更为清楚、简洁，易于阅读。所谓展开接线图，就是将每个元件的线圈、辅助触点及其他控制、保护、监测、信号元件等，按照它们所完成的动作过程绘制。展开图可水平绘制，也可垂直绘制。绘制展开图时，一般是把电路分成主回路、交流电流回路、交流电压回路、直流操作回路、信号回路等几个主要组成部分，每一部分又分成很多支路，这些支路在水平绘制时自上而下排列，在垂直绘制时自左而右排列。各支路的排列顺序：在交流回路中按相序，在直流回路按设备的动作顺序。在每一行或列的支路中，各元件的线圈和触点是按实际连接顺序画出的。

在展开图中，同一元件的线圈和辅助触点按照其不同功能和不同动作顺序往往是分立的。为了区别各元件的类型、性质和作用，每个元件上都标有规定的文字符号，并在其两边标有相关数字；为了表示同一元件的线圈和触点，在线圈和触点的图形符号旁应标注该元件的设备文字符号。

3. 电气接线图、接线表

电气接线图或接线表是反映电气系统或设备各部分的连接关系的图或表，是供电气工程人员安装接线和维修检查用的，接线图中所表示的各种仪表、电器、继电器及连接导线等，都是按照它们的图形符号、位置和连接绘制的，设备位置与实际布置一致。接线图只考虑元件的安装配线而不明显地表示电气系统的动作原理和电气元器件之间的控制关系。接线图以接线方便、布线合理为目标，必须表明每条线所接的具体位置，每条线都有具体明确的线号，标有相同线号的导线可以并接于一起；每个电气设备、装置和控制元件都有明确的位置，而且将每个控制元件的不同部件都画在一起，并且常用虚线框起来。如一个接触器是将线圈、主触头、辅助触点都绘制在一起用虚线框起来。而在电气原理图中辅助触点绘制在辅助电路中，主触头绘制在主电路中。

三、电路图的简化

为了提高图面的清晰度和节省幅面，编制电路图时往往采用一些简化方法，当然这些简化不会影响使用者正确识图。

1. 连接线图示的简化

为简洁图面，电路图中的图线可进行简化：

（1）连接线采用中断线表示。

（2）多根平行线采用单根线表示。

2. 相同符号构成的符号组图示的简化

如同多根导线组成的线段可用一根导线表示一样，由多个相同符号构成的符号组可用一个符号表示，只要在该符号上添加一条短斜线和一个数字，该数字表示简化符号所代表的相同符号的数量。简化示例见表 TYBZ00501003–2。

表 TYBZ00501003–2　　相同符号构成符号组的简化示例

序号	简化的符号组	等　效	说　明
1	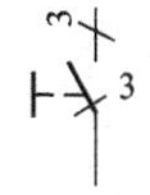	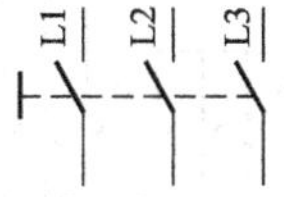	一个手动三极开关
2	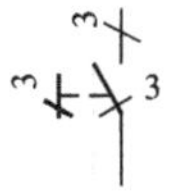	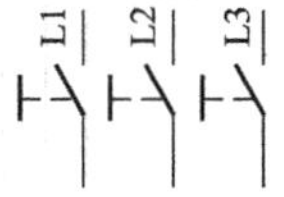	三个手动单极开关
3	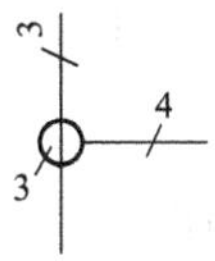	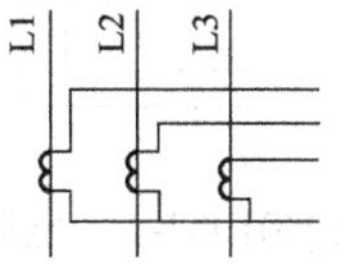	三相三电流互感器，四根次级引出线
4	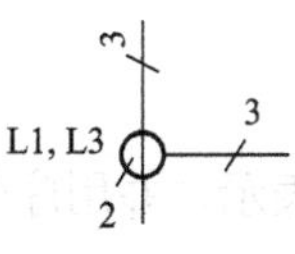	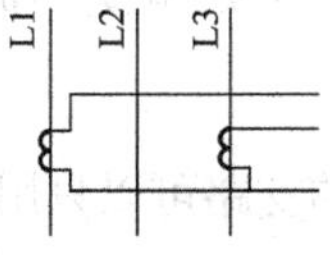	三相两电流互感器，装在第 1 相和第 3 相导线，三根次级引出线

3. 多个端子图示的简化

若一个元件有多个端子，如图 TYBZ00501003–2（a）左侧所示，则可用一个端子来简化表示，也可以加注端子代号表示，并用逗号隔开，如图 TYBZ00501003–2（a）右侧所示。若端子是连续编号的，如图 TYBZ00501003–2（b）左侧所示，则按顺序标明第一个和最后一个端子代号，并用符号“…”隔开来简化，如图 TYBZ00501003–2（b）中右侧所示。阅读电路图时，若见到类似于图 TYBZ00501003–2 中右侧所示的单端子图，则应读出其相当于图 TYBZ00501003–2 左侧所示的多端子图。

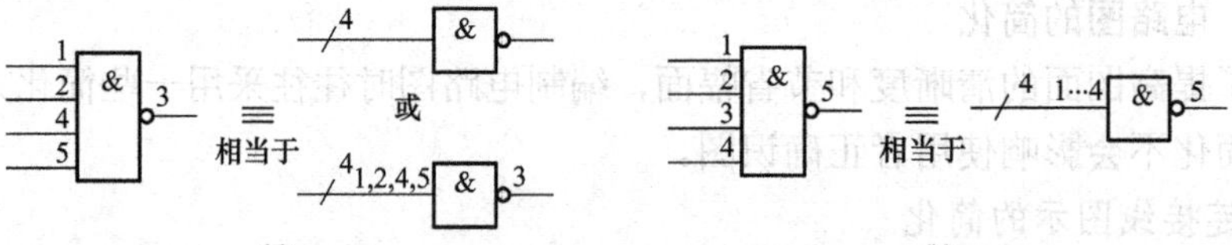

(a) (b)

图 TYBZ00501003–2 多个端子用一个端子简化的示例

4. 电路图示的简化

当电路图中的图形符号、连接线符号和端子符号都采用了简化图示，那么整个电路就实现了简化图示，如图 TYBZ00501003–3（b）所示为图 TYBZ00501003–3（a）电路的简化。

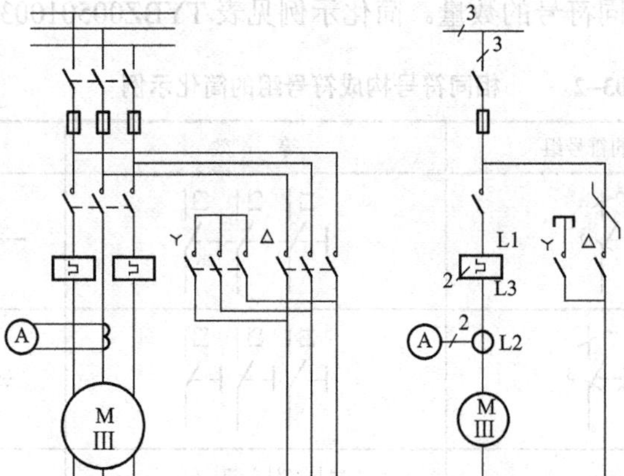

(a) (b)

图 TYBZ00501003–3 电动机启动电路的简化

（a）实际连接；（b）简化连接

5. 多路连接图示的简化

电路中的两个或多个同样的支路可以只用一个支路来表示，并用序号为 03—02—09 的符号来表示，如图 TYBZ00501003–4 所示。

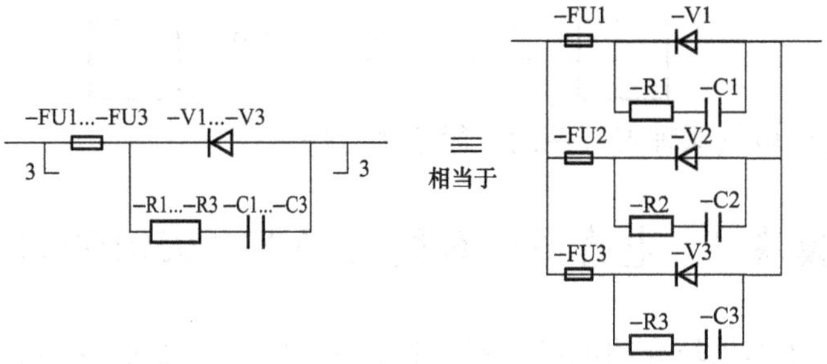

图 TYBZ00501003–4 多路连接电路图的简化示例

6. 重复电路图示的简化

重复电路可以只详细绘制一个，其余重复电路可采用围框来简化表示，如图 TYBZ00501003–5 所示，在围框内画出简化电路与详细绘制电路之间的对照关系。

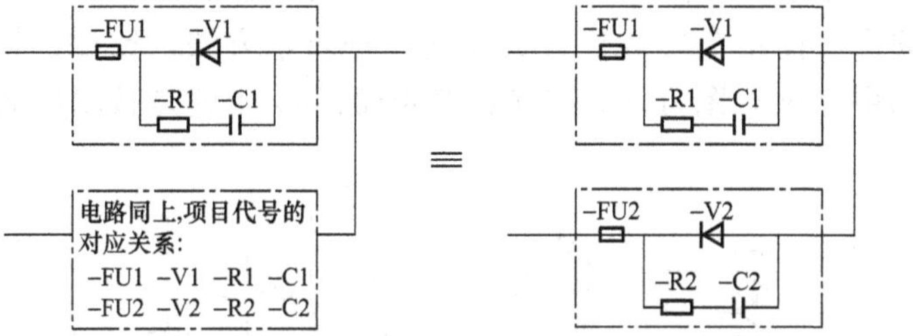

图 TYBZ00501003–5 重复电路简化示例

7. 用方框符号或端子功能图表示电路

对于功能单元或功能组的电路，可以用简单的图形符号，诸如方框符号或端子功能图表示。此情况下，会在图上给出该功能单元内或功能组更详细信息的检索标记。例如，图 TYBZ00501003–6 中，电源整流器用方框符号表示，其旁标注的检索标记“图23456”，说明有关电源整流器电路的更详细情况见图 23456。

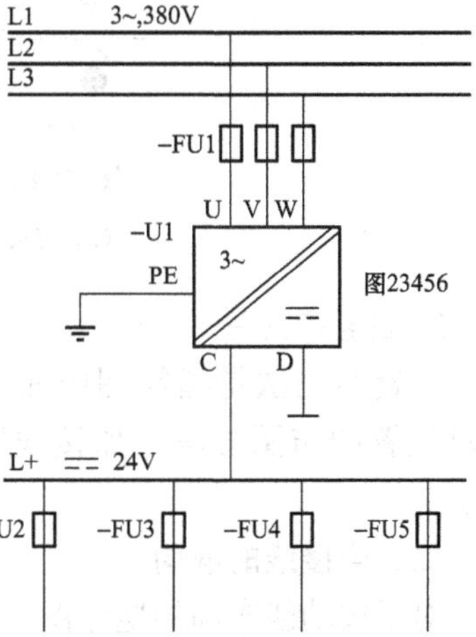

图 TYBZ00501003–6 电源整流器应用方框符号示例

【思考与练习】

1. 识读如下图所示的两元件端子间实际连接情况。

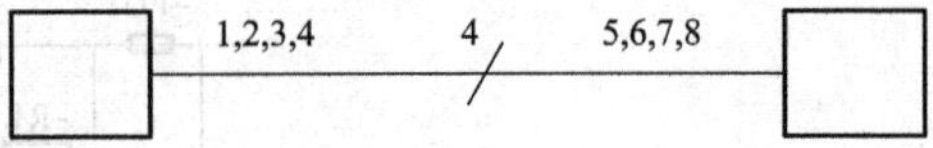

2. 简要说明电气原理展开图的一般绘制方法。

模块 4 电路图的布图（TYBZ00501004）

【模块描述】本模块介绍电路图布图的基本规则。通过对这些规则的应用讲解，掌握电路图布图的基本方法。

【正文】

一、电气简图的布局方法

一般来讲，电气简图有两种布局方法。

1. 功能布局法

功能布局法是指，在简图中元件图形符号的布置着重考虑的是易于理解元件之间功能关系，而不是实际位置关系的一种表示方法。比如，概略图、功能图和电路图都用这种布图方法，图 TYBZ00501004–1 就是按功能布局的电路图示例。

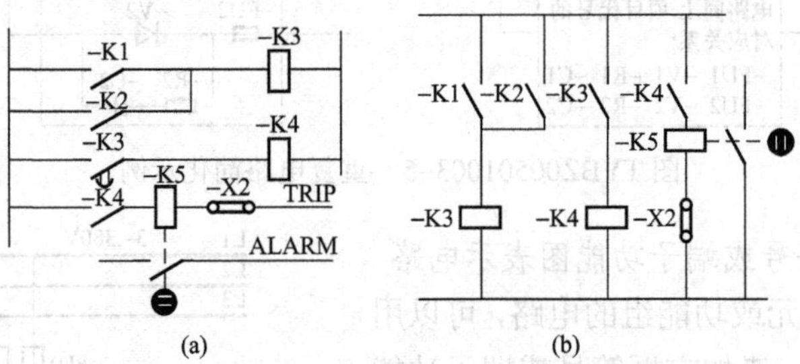

图 TYBZ00501004–1 功能图布局示例

（a）连接线水平取向；（b）连接线垂直取向

2. 位置布局法

位置布局法是指简图中元件图形符号的布局反映这些元件在装置上的实际相对位置的布图方法。如接线图，就是这种布图方法，如图 TYBZ00501004–2 所示。

二、连接线的取向

对于按功能布局的电路图，连接线有两种主要取向：

（1）水平取向，如图 TYBZ00501004–1（a）所示。

（2）垂直取向，如图 TYBZ00501004–1（b）所示。

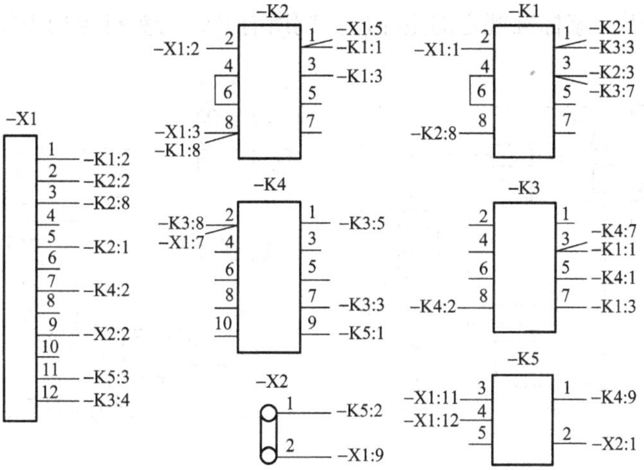

图 TYBZ00501004–2 位置布局法示例

三、信号流方向

连接线水平取向情况下信号流方向可从左至右或者从右至左，连接线垂直取向情况下信号流方向可从上至下或者从下至上。不管采用哪种信号流方向，制图者都可在连接线上加注开口箭头符号 02—05—01 来表示，如图 TYBZ00501004–3 所示，可根据开口箭头符号读出信号流向。

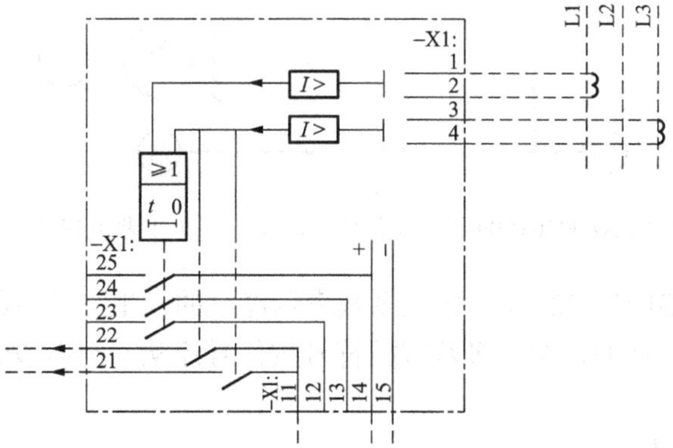

图 TYBZ00501004–3 信号流方向用开口箭头符号 02—05—01 标注的示例

对于电路图，国家标准规定主要流向为从左至右或者从上至下，为简洁幅面，此情况下可省略开口箭头符号，如图 TYBZ00501004–4 所示。图 TYBZ00501004–4（a）的信号流方向为从左至右，图 TYBZ00501004–4（b）的信号流方向为从上至下。国家标准还规定，如果某一信号的流向不同于主要流向，则传送这一信号的连接线上必须标注开口箭头符号 02—05—01，如图 TYBZ00501004–5 所示。如果全图信号流向均不同于国家标准规定的主流向，则所有开口箭头符号均不能省略。

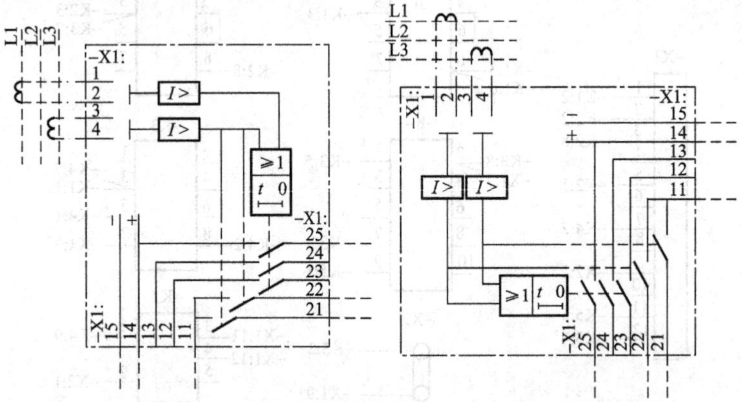

(a) (b)

图 TYBZ00501004–4 信号流方向省略开口箭头符号标注的示例

（a）示例 1；（b）示例 2

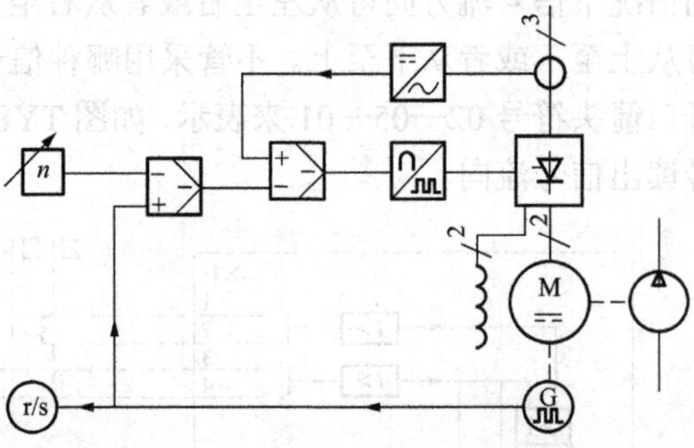

图 TYBZ00501004–5 部分信号流向不同于主要流向的示例

在国家标准 GB/T 4728 中，绝大多数表示能量的发生与转换的元件图形符号按能量流从上至下设计的，绝大多数方框符号按信号流从左至右设计的，阅读时可按此设计规则读图。

【思考与练习】

1. 电气简图的功能布局法指的是何种表示法？

2. 电气简图的位置布局法指的是何种表示法？

模块 5 接线图中的端子和连接线（TYBZ00501005）

【模块描述】本模块介绍连接线、中断线、连接线的添加符号以及连接线之间关系的图示形式，端子和连接件的图示形式。通过对连接线和端子的基本形式和绘制原则的讲解和示范，掌握这些图形标记的形式、内容、含义及之间的关系。

【正文】

在电气图中，除了有表示功能、概念和元器件的图形符号外，还有许多画在这些图形符号之间或向外延伸的图线。这些图线，有的表示传输能量流、信号流的导体，有的则表示逻辑、功能间的连接关系，统称为连接。在电路图中，连接主要用来表示导体，诸如单根导线、导线组、电源线、电缆、母线和光纤等有形线缆，常称连接线。对于不同的导体或其特征，通常采用不同形态的连接线符号表示，常见的连接线、连接和连接件的图形符号及其说明，见 GB/T 4728.3—2005。本模块重点介绍这些图形符号所含信息及阅读方法。

一、连接线的表示方式

连接线有连续线和中断线两种表示方法。

1. 连续线表示法

在电气图上，大部分连接线采用连续线表示，如图 TYBZ00501005-1 所示，有直线，也有简单的折线，所使用的图线有下列三种形式：

图 TYBZ00501005-1　连接线的基本符号

（1）实线。实线表示实际存在的连接线。

（2）虚线。虚线表示计划预留的连接线。

（3）粗实线。在电路图中，粗实线用于突出电力系统一次电路或区分重要电路，诸如高等级电压、直流电源电路等。阅读电路图时，应注意连接线形式的不同。

在阅读电路图时应区分三种不同含义的虚线：

（1）表示计划预留连接线的虚线，只在元件和功能件图形符号的端子间连接。

（2）表示机械连接的虚线，一端与操作件图形符号相连，另一端与触点符号垂直相连。

（3）表示屏蔽的虚线。

2. 中断线表示法

在图 TYBZ00501005-2 所示电路图中，有些图线中断，且在中断处标注了诸如 A、START 或 8/A3 等标记，用以表示实际导线是接续的及其接续方向。这种表示方法称为连接线的中断表示方法，这类图线称为中断线。

当两根导线中断处的标记符合下述一种情况时，表示这两根中断线是接续的：

（1）相同的端头标记。

（2）相同的信号代号。

（3）相对的图上位置标记。

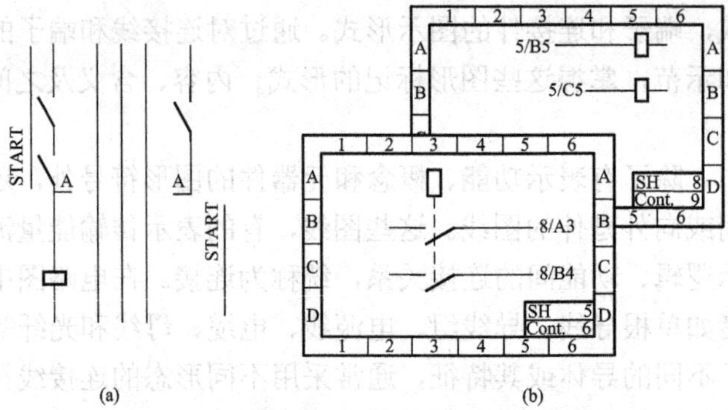

图 TYBZ00501005-2 连接线中断表示法示例

（a）在同一张图上连接；（b）在两张图上连接

在阅读电路图时，可按上述标注规则读出中断线的接续方向。

二、连接线的添加图形符号

在电路图中，为了标明连接线的特征，通常在连接线上或在连接线旁或在连接线尾端添加图形符号。

1. 连接线上添加符号

常见的连接线上添加图形符号主要有短斜线、曲折线和符号要素，见表 TYBZ00501005–1。

表 TYBZ00501005–1 常见的添加图形符号的连接线

序号	连接线符号	添加图形符号说明	含 义	标准符号
1	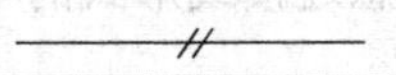	短斜线	二芯线束	03—01—02
2	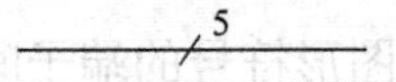	短斜线、数字	五芯线束	03—01—03
3	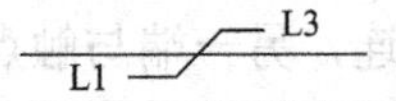	135°曲折线、信号代号	三相换位	03—02—12
4	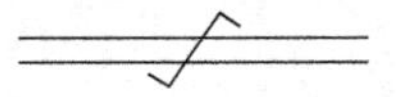	90°曲折线	绞合导线	03—01—08
5	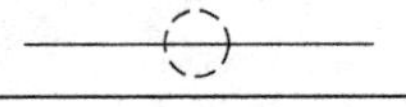	符号要素：屏蔽（02—01—07）	屏蔽导线	03—01—07
6	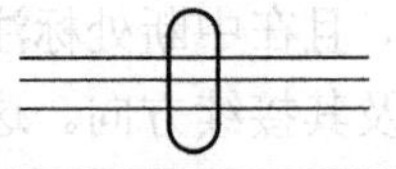	符号要素：外壳（02—01—05）	电缆中导线	03—01—09
7		符号要素：光波导（10—23—01）	光纤	10—23—01

短斜线表示该连接线为线束（又称连线组，即多根平行线），短斜线的数量或附加数字表示该线束的导线数目，例如表 TYBZ00501005–1 中序号 1 的图形符号为

二根导线的线束，序号 2 的图形符号为有五根导线的线束。

135° 曲折线表示导线换位，用于多相和直流电路中，表示相序变更、极性反向，如表 TYBZ00501005-1 序号 3 的图形符号为三根导线相序变更，A 相（L1）与 C 相（L3）换位。

90° 曲折线表示导线绞合，如表 TYBZ00501005-1 中序号 4 的图形符号为两根导线的绞合线。

带符号要素的连接线的特征由符号要素的含义确定，例如表 TYBZ00501005-1 序号 5、6、7 的图形符号分别表示屏蔽导线、电缆中的三根导体、光纤。

2. 连接线旁添加符号

绘在连接线旁的添加符号有电源限定符号、总线指示符号，如图 TYBZ00501005-3 所示。在实际电气图中，往往在这类添加图形符号旁再加注文字符号，以进一步提供此连接线代表的电路的附加信息：电流性质、配电系统类型、频率及电压值、导线数及截面积、导线材料的化学符号等。通常，在直流图形符号的右边标注电压值，左边标注的是系统类型，在交流图形符号的右边标注的是电压、频率值和系统类型，左边标注的是相线数和中性线。在连接线符号的另一侧标注导线数、截面积和材料的化学符号。

3. 连接线尾端符号

图 TYBZ00501005-4 示出在新电气图上常见的连接线本身的尾端图形符号，其中：

标准序号 03—01—14 的尾端图形符号表示此线终端未连接。

标准序号 03—01—15 的尾端图形符号表示此线终端未连接，并有专门的绝缘。

标准序号 03—02—13 的尾端图形符号表示在该点多根导体连在一起形成三相系统电路的中心点。

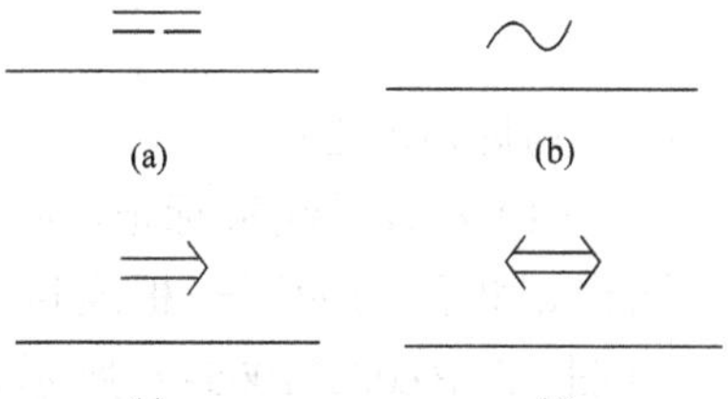

图 TYBZ00501005-3 连接线旁的添加图形符号

（a）直流符号；（b）交流符号；

（c）单向总线指示符号；（d）双向总线指示符号

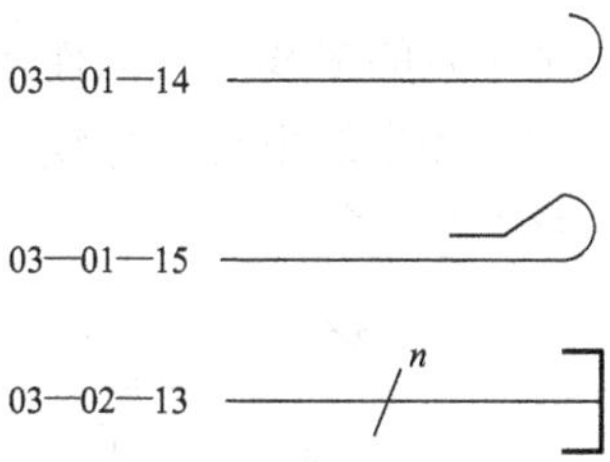

图 TYBZ00501005-4 连接线尾端符号

三、连接线之间关系的图示形式

在电气图中，表示连接线之间不同连接关系的图示形式有：连接、正交、汇入等形式。

1. 连接

连接线的连接有两种表示形式：一种是添加连接符号 03—02—01（实心黑点），如图 TYBZ00501005-5（a）所示；另一种是 T 形画法，如图 TYBZ00501005-5（b）、（c）所示。如果图 TYBZ00501005-5（c）所示三根连接线相汇于一点成十字形，并且相汇处加有连接符号（实心黑点）的，变成图 TYBZ00501005-5（d）所示，亦表示此三根导线连接。

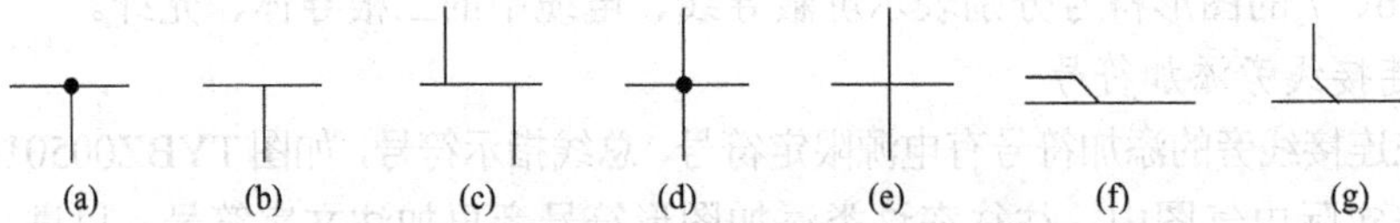

图 TYBZ00501005-5 连接线间的连接、正交和汇入

（a）～（d）连接形式 1；
（e）正交；（f）水平汇入；（g）垂直汇入

2. 正交

在新标准的电气图中，凡两根连接线十字正交，且无连接符号（实心黑点）的，如图 TYBZ00501005-5（e）所示，表示两根导线不连接。

3. 汇入

凡一根连接线以倾斜（一般 45°）的方式与另一根代表线束的连接线相接的图示形式，如图 TYBZ00501005-5（f）和 TYBZ00501005-5（g）所示，称为汇入，表示该连接线并入线束。采用汇入形式，可用一根连接线（线束）代表多根平行连接线，以简洁图纸幅面，汇入连接线的倾斜方向表示连接线的走向。如图 TYBZ00501005-6 所示，图 TYBZ00501005-6（a）为采用汇入形式表示的连接线，图 TYBZ00501005-6（b）是等效的多线形式的连接线。

阅读图中线束时，导线端之间的连接关系可按下列规则读出：

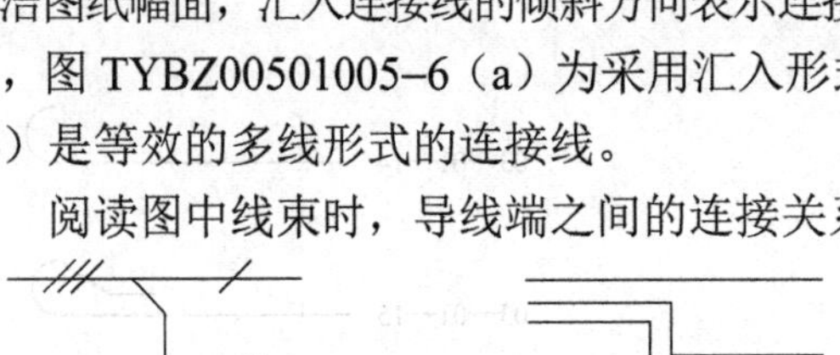

图 TYBZ00501005-6 汇入形式表示线束

（a）汇入形式表示的连接线；（b）等效的多线形式连接线

（1）若有导线端标记，则导线端标记相同的为同一根连接线，如图 TYBZ00501005-7 所示，图 TYBZ00501005-7（a）为水平汇入，图 TYBZ00501005-7(b)为垂直汇入。

（2）若无导线端标记，则次序、顺序完全相同的导线端之间为同一根连接线，如图 TYBZ00501005-8(a) 所示。

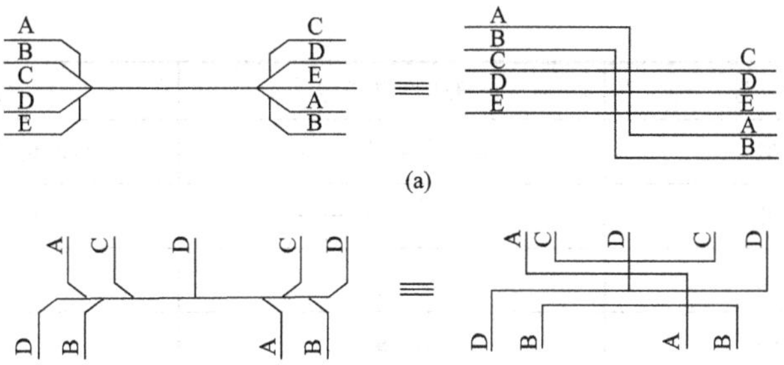

(b)

图 TYBZ00501005–7　导线端有标记的连接线

（a）水平汇入；（b）垂直汇入

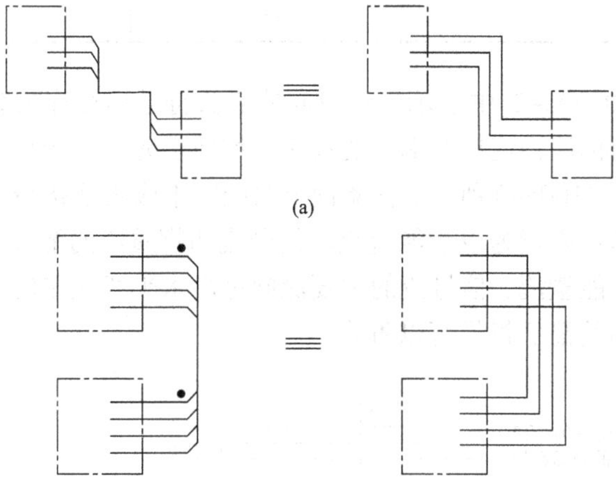

(b)

图 TYBZ00501005–8　无线端标记和个别导线端有标记的汇入形式

（a）无线端标记；（b）个别导线端有标记

（3）若只有第一根导线端有标记（例如用一个圆点），则以第一根连接线为参照，顺序相同的导线端之间为同一根连接线，如图 TYBZ00501005–8（b）所示。

四、连接线上的箭头

连接线上的箭头不是表示连接线特征的，而是表示连接线所载荷的能量、信号等内容的流向。连接线有两类箭头——开口箭头和三角箭头，这里介绍开口箭头。

开口箭头表示连接线上的能量流、信息流、信号流。不同的箭头符号表示不同的传送方式及方向，见表 TYBZ00501005–2。

表 TYBZ00501005–2　　连接线上的开口箭头符号

标准序号	开口箭头符号	含义
02—05—01	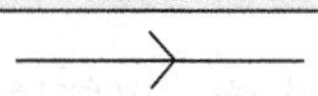	单向传送

续表

标准序号	开口箭头符号	含义
02—05—02	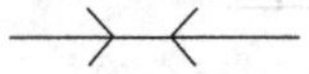	同时传送 双向信息流
02—05—03		分时传送 双向信息流
02—05—04		发送
02—05—05		接收
02—05—06		能量从母线输出
02—05—07		能量从母线输入
02—05—08	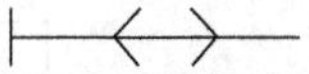	双向能量流动

表 TYBZ00501005-2 中表示流动方向的箭头符号标在连接线的中部且不触及其他图形符号，而标注在连接线端部的箭头，均属于元器件图形符号，具有其他含义，如图 TYBZ00501005-9 所示。在阅读电路图时不应将连接线端部的箭头符号和类似箭头的符号错误判读为表示能量流、信号流和物质流的箭头符号。

新标准规定，能量流、信号流的主要流向是沿水平线从左向右，沿垂直线从上向下，且主要流向的箭头符号可以省略。

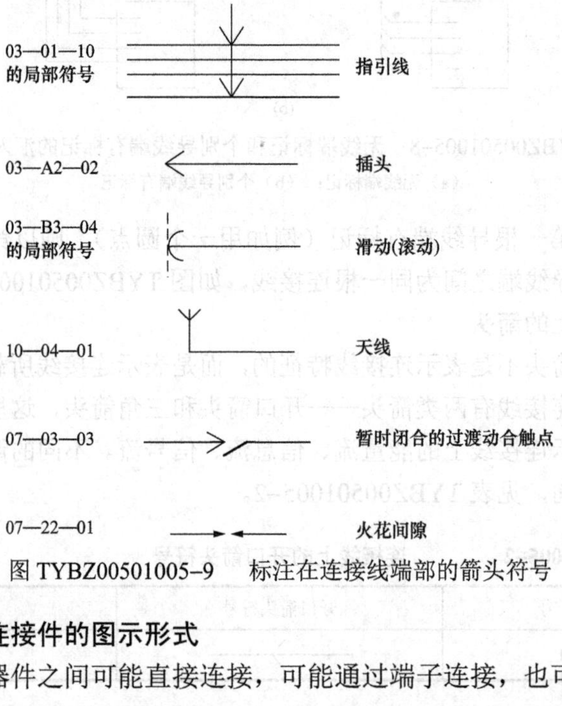

图 TYBZ00501005-9 标注在连接线端部的箭头符号

五、端子和连接件的图示形式

连接线与元器件之间可能直接连接，可能通过端子连接，也可能通过连接件连接。在电路图中都会明确表示。这里仅介绍端子和连接件的图形符号。

在电路图中，常见的端子和连接件图形符号见表 TYBZ00501005–3。

表 TYBZ00501005–3　　常见的端子和连接件图形符号

标准序号	图形符号	含义
03—02—02		端子
03—02—03	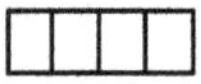	端子板
03—03—01		连接器的阴接触件、插座
03—03—03		连接器的阳接触件、插头
03—03—17 03—03—18	形式1  形式2 	接通的连接片
03—03—19	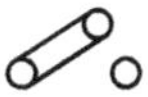	断开的连接片

图 TYBZ00501005–10 为端子和连接件应用实例：

图TYBZ00501005–10(a)表示传送起动信号START1的连接线与继电器线圈–K1 的端子 A2 直接连接。

图 TYBZ00501005–10（b）表示传送起动信号 START 2 的连接线经独立端子–X1 与继电器线圈的端子 A2 连接。

图 TYBZ00501005–10（c）中跳闸信号线 TRIP1、TRIP 2 经接通的连接片–X2、断开的连接片–X3 分别接至跳闸线圈–Y2、–Y3，表示具有双跳闸线圈的断路器–Q1 只投运一个跳闸回路。

图 TYBZ00501005–10（d）用单线表示六电极插头插座对–X4。

在实际工程电路图中，有时会遇到一些新颖的连接件符号，可查阅国家标准或厂家说明书。

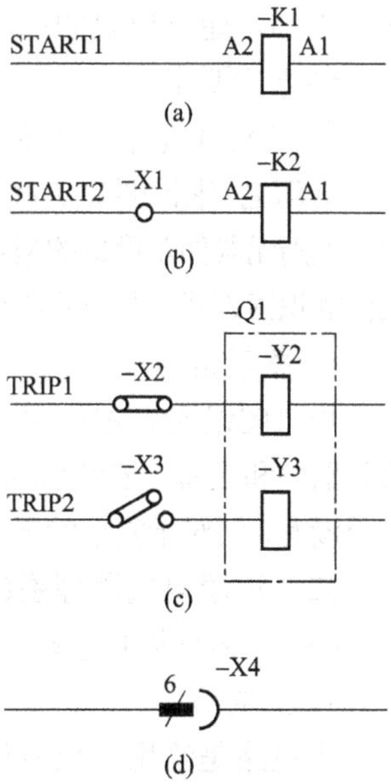

图 TYBZ00501005–10　端子和连接件应用实例

【思考与练习】

1. 试读出图 TYBZ00501005–2 中的中断线接续情况。

2. 常见的连接线之间关系的图示形式有哪些？

模块 6 识图方法（TYBZ00501006）

【模块描述】本模块介绍电气图识读方法。通过对电气接线图和电气原理图的识读方法、步骤的讲解，掌握电路图的一般识图方法。

【正文】

电气图的种类较多，对各类电气图的读图要求和目的各有侧重，因此，各类图的识读方法和步骤也不尽相同。识读电气图既要有一定的电气图制图的基本知识，又要有相关的专业知识，并应结合学习、生产和生活中的电气图实例，多加分析实践才能掌握。

一、电气图识读的一般方法

1. 阅读图纸说明

图纸说明包括图纸目录、技术说明、元件明细表及说明书等。识图时，先看图纸说明，了解工程的整体概况、设计内容及基本要求，这有助于了解图纸大体情况，抓住图纸重点。

2. 系统模块分解

对原理图、逻辑图、流程图等按功能模块分解，对接线图按安装位置模块分解，化大为小，通过模块的组成和特点的分析，有助于理解系统的工作原理、功能特点和安装方式要求。

3. 导线和元器件识别

分清电气图中的动力线、电源线、信号线、控制线、负载线等导线的线型、规格和走向，识别元器件及设备的型号、规格参数及在图中的作用，必要时可查阅有关手册。这种细化的识读方式，是对系统全面地分析理解所必需的，也是安装、调试和检修的基础。

4. 整理结果

电气图识读结束应整理出必要的文字说明，指出电气图的功能特点、工作原理、主要元器件和设备、安装要求、注意事项等。这种文字说明对简单的电气图可十分简要，甚至没有，但对于复杂的电气图则必须要有详细说明，而且是技术资料的重要组成部分。

二、识读电气原理图的方法

（一）根据电工基本原理先区分出主电路和辅助电路

1. 主电路

主电路是给用电设备供电的电路，是受辅助电路控制的电路。主电路一般用粗实线画在图纸的左边或上部。

2. 辅助电路

辅助电路是给控制元件供电的电路，是控制主电路动作的电路。辅助电路一般用细实线画在图纸的右边或下部。

实际电气原理图中主电路一般比较简单；而辅助电路比主电路要复杂，控制元件也较多。

（二）识读电气原理图的步骤和方法

先看主电路，后看辅助电路。

1. 识读主电路的具体步骤

第一步：看用电设备。首先看清楚主电路中有几个用电设备，它们的类别、用途、接线方式以及一些不同的要求等。如图 TYBZ00501006–1 中的用电设备是一台三相笼型异步电动机。

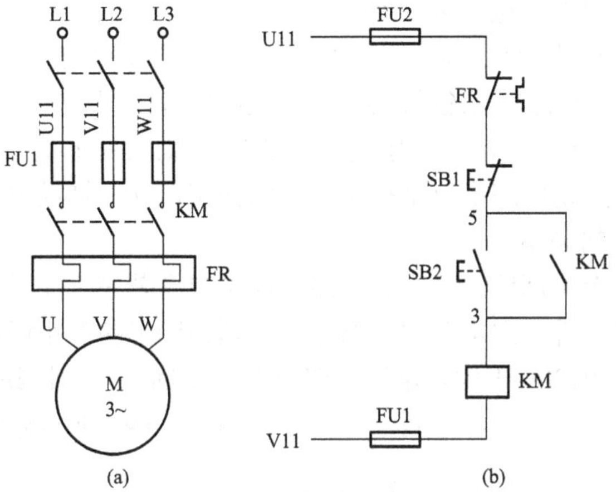

图 TYBZ00501006–1　三相笼型异步电动机直接启动的控制线路原理图

（a）主电路；（b）辅助电路

第二步：看清楚主电路中用电设备，用几个控制元件控制。如图 TYBZ00501006–1 中电动机是用接触器控制启动和停止的。实际电路中用电设备的控制方法很多，有的只用开关控制，有的用启动器控制，有的用接触器或其他继电器控制，有的用程序控制器控制，有的用集成电路控制。这要求我们分清主电路中的用电设备与控制元件的对应关系。

第三步：看清楚主电路除用电设备以外还有哪些元器件以及这些元器件的作用。如图 TYBZ00501006–1 中，主电路除电动机外还有刀开关和熔断器 FU。刀开关是总电源开关，熔断器起到电路的短路保护作用。看主电路时可顺着电源引入线，沿着电流流过的路径逐一观察。如图 TYBZ00501006–1 中主电路是：三相电源—刀开关—FU—KM（主触头）—FR（热继电器）—M。

第四步：看电源。要了解电源的种类和电压等级，分清是直流电源还是交流电源。直流电源有的是直流发电机，有的是整流设备，电压等级有 660、220、110、24、12、6V 等；交流电源多由三相交流电网供电，有时也由交流发电机供电，电压等级有380、220V等。如图TYBZ00501006–1中电源为380V交流三相电。

2. 识读辅助电路的具体步骤和方法

第一步：看辅助电路的电源，分清辅助电路电源种类和电压等级。辅助电路的电源有两种，一种是交流电源，另一种是直流电源。辅助电路所用交流电源电压一般为380V或220V；辅助电路所用直流电源电压等级有220、110、24、12V等。

若同一个电路中主电路电源为交流，而辅助电路电源为直流，一般情况下，辅助电路是通过整流装置供电的。若在同一个电路中主电路和辅助电路的电源都为交流电，则辅助电路的电源一般引自主电路。如图TYBZ00501006–1中辅助电路的电源是从主电路中引出的，电压为380V。

辅助电路中的控制元件所需的电源种类和电压等级必须与辅助电路电源种类和电压等级相一致，绝不允许将交流控制元件用于直流电路，否则控制元件通电会烧毁交流线圈；也不允许将直流控制元件用于交流电路，否则控制元件通电也不会正常工作。

第二步：弄清辅助电路中每个控制元件的作用，弄清辅助电路中控制元件对主电路用电设备的控制关系。

辅助电路是一个大回路，而在大回路中经常包含若干个小回路，每个小回路中有一个或多个控制元件。主电路的电器越多，则辅助电路的小回路和控制元件也越多。如图TYBZ00501006–1中，辅助电路只有一个回路，此回路是：

V11— FU1 — KM — 3 — SB2 — 5 — SB1 — FR（动断触点）— FU2 — U11

（3与5之间并联：KM（辅助触点））

当电源总开关合上后，主电路和辅助电路都与电源接通（有电压、无电流），按下启动按钮SB2，主电路中的电动机启动运行；按下停止按钮SB1，则运行中的电动机就停止运行；运行中若辅助电路发生短路故障，则FU熔断，KM线圈失电，电动机停止运行。

总之，弄清电路中各控制元件的动作关系和对主电路用电设备的控制作用是读懂电气原理图的关键。

第三步：弄清辅助电路中各个控制元件之间的制约关系。在电路中电气设备、装置、控制元件不是孤立存在的，而相互之间有密切联系，有的元器件之间是控制与被控制的关系，有的是相互制约关系，有的是联动关系。图TYBZ00501006–1中SB2就是控制KM通电的元件。

3. 识读原理展开图

原理展开图通常属于电气原理图中的控制电路部分。识读时必须参照整个电路原理图对展开图从左向右或自上而下分析。首先应按列或行一个支路、一个支路的依照顺序读通，有时性质不同的支路是交错画在一起的，就要跳过无关的支路，找到有关的支路，在整张展开图中，把与这个支路有联系的所有支路都找到。在读具体支路时，要先找到继电器线圈的启动支路，然后寻找该继电器的触点支路。一个继电器往往有几对触点，所有与该继电器有关的触点支路都要找到。要注意的是，这种图中同一元件的不同部分是分开布置的，元件的触点和线圈可能接在不同回路中，看图时不要遗漏。

三、识读电气接线图的方法和步骤

识读电气接线图，要弄清电气原理图，结合电气原理图看电气接线图是看懂电气接线图最好的方法。

第一步：分析清楚电气原理图中主电路和辅助电路所含有的元器件，弄清楚每个元器件动作原理和作用；要特别弄清辅助电路控制元件之间的关系，弄清辅助电路中控制元件与主电路的关系。

第二步：弄清电气原理图和接线图中元器件的对应关系。同一个元器件在两种电路图中的绘制方法可能不同，在原理图中同一元件的线圈和触点画在不同位置，而在接线图中同一元件的线圈和触点是画在一起的。

第三步：弄清电气接线图中接线导线的根数和所用导线的具体规格。在有些接线图中并不标明导线的具体型号和规格，而是将所有元器件和导线型号规格列入设备明细表中。

第四步：根据电气接线图中的线号弄清主电路的线路走向。分析主电路时从电源引入线开始，根据电流流向，依次找出接主电路用电设备所经过的元器件。电路引入线规定用文字符号 L1、L2、L3 或 U、V、W 表示三相交流电源的三根相线。

第五步：根据线号弄清辅助电路的走向。在实际接线中主电路和辅助电路是按先后顺序接线的，另外，主电路和辅助电路所用导线型号规格也不相同。分析辅助电路时从辅助电路的电源引入端开始，根据假定电流方向，依次弄清每条支路的线路走向。

四、常见电气工程图的识读实例

（一）识读电气工程图的方法

电力工程中，经常用到许多工程图，提高工程图的识图能力，对后续课程的学习和工作非常重要。识读电气工程图时，可从以下几方面入手：

1. 结合电工基础理论看图

无论是变配电所、电力拖动，还是照明供电和各种控制电路的设计，都离不开电工基础理论。要搞清电路的电气原理，必须具备电工基础知识。

2. 结合电器元件的结构和工作原理看图

电路中有各种电器元件，如断路器、隔离开关、熔断器、互感器、避雷器、继电器、接触器、控制开关等，看图时先搞清这些元件的性能、相互关系及在电路中的地位和作用，才能搞清工作原理，否则很难真正看懂图纸。

3. 结合典型电路看图

一张复杂的电气图，细分起来不外乎是由典型电路所组成。熟悉各种典型电路，对于看懂复杂的电气图有很大帮助，能很快分清主次，抓住主要矛盾，而且不易搞错。

4. 结合电路图的绘制特点看图

绘制电气原理图时，通常把主电路和辅助电路分开。主电路一般用粗实线画，辅助电路一般用细实线画。

（二）实例

1. 电力系统图

电力系统图是传输和转换电能的电路的最典型的例子。电力系统是由发电、输变电、用电设备构成的整体。图 TYBZ00501006–2 展示了一个简单电力系统的结构概貌。

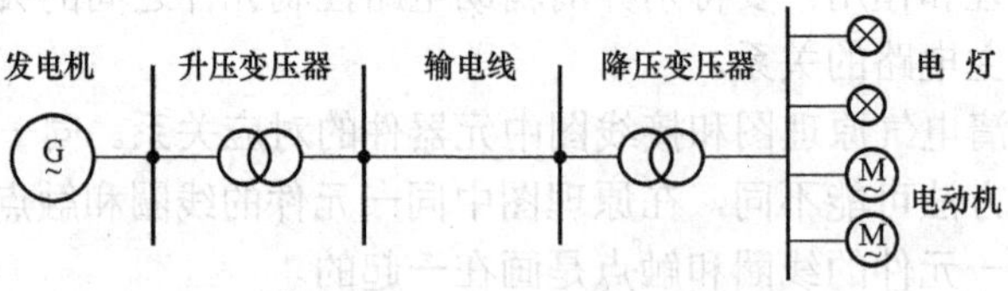

图 TYBZ00501006–2 简单电力系统示意图

2. 电气一次接线图

如图 TYBZ00501006–3 所示是某热电厂电气主接线的单线图。需要指出，图中虽然是一相电路的连接情况，但却表示的是三相电路；另外规定在电路图中，所有断路器和隔离开关的图形符号均以断开位置画出。在阅读电路图时要注意以上规定。

热电厂是给用户供电兼供热的发电厂，多建在用户附近。发电机 G1 和 G2 并接在 10kV 母线上，母线的作用是接受和分配电能。电能由发电机发出送到母线后，一部分经电抗器和电缆线路送到附近用户，另一部分通过升压变压器 T1 和 T2 送到 220kV 电压母线上，然后通过高压架空线路向远方送电，并与系统连接。

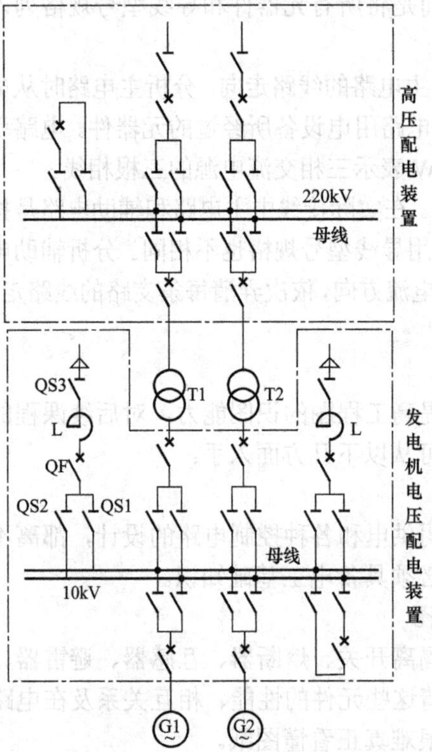

图 TYBZ00501006–3 热电厂电气主接线图

3. 电气二次接线图

图 TYBZ00501006–4 所示为 6～10kV 线路过电流保护电路原理图。

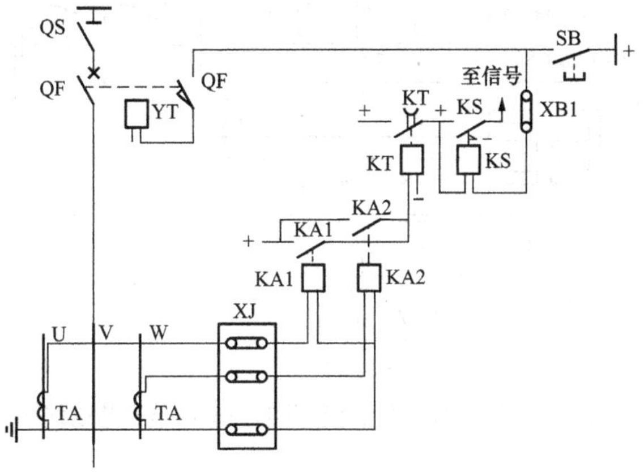

图 TYBZ00501006–4 6～10kV 线路过电流保护电路原理图

图 TYBZ00501006–5 所示为 6～10kV 线路过电流保护电路展开图。

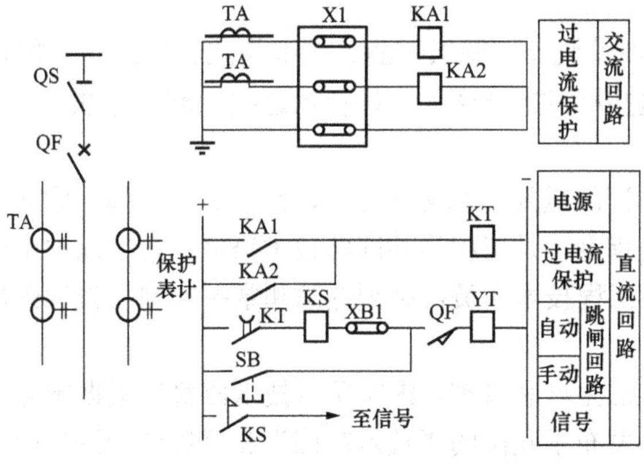

图 TYBZ00501006–5 6～10kV 线路过电流保护电路展开图

比较图 TYBZ00501006–4 和图 TYBZ00501006–5 可知，展开图线条清晰，便于阅读，便于了解整个装置的动作程序和工作原理，尤其在复杂电路中更为突出。

【思考与练习】

1. 试分析图 TYBZ00501006–5 所示的 6～10kV 线路过电流保护电路的动作过程。

2. 试分析下图所示的三相交流笼型电动机直接启动的控制电路的动作过程。

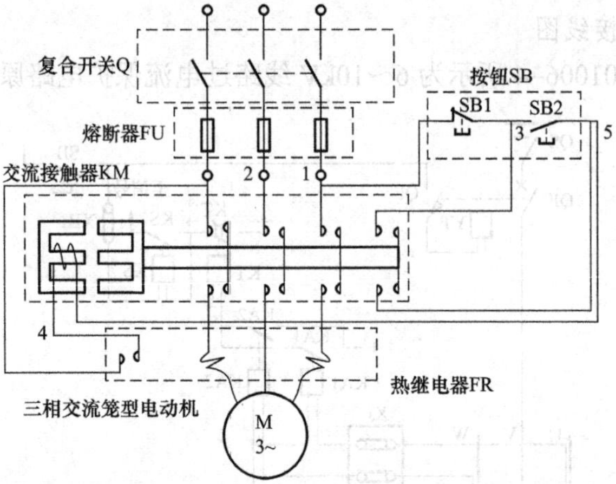

三相交流笼型电动机直接启动的控制电路安装接线图

模块 7　图幅、图框、图线、箭头与字体（TYBZ00501007）

【模块描述】本模块介绍图纸幅面、图框格式、图线和字体以及尺寸标注等一般规定。通过对这些标准的介绍，掌握使用这些标准的方法。

【正文】

图样是生产过程的重要技术文件之一，是信息的载体。它传递着设计的意图，集合着加工制造的指令，是工程界共同的技术语言。它是以技术标准的制定和实施为基础来实现的。工程技术人员都必须熟悉和掌握绘制与识读图样的基本知识和基本技能。

为适应现代化的生产和管理，国家质量技术监督局根据国际标准化组织制定的国际标准，制定并发布了我国的“技术制图”和“机械制图”国家标准。下面介绍GB/T 14689—2008《技术制图　图纸幅面和规格》、GB/T 17450—1998《技术制图　图线》和 GB/T 4457.4—2002《机械制图》等标准中有关图纸幅面、格式、字体、比例、图线和尺寸标注的规定。

一、图纸幅面和图框格式的一般规定

GB/T 14689—2008《技术制图　图纸幅面和格式》规定了图纸的幅面尺寸和格式，适用于技术图样及其有关技术文件。

1. 图纸幅面

图纸幅面是指绘制图样时所采用的纸张大小，为了便于图纸管理及合理利用，国家技术标准规定：在绘制技术图样时，应优先采用表 TYBZ00501007-1 给出的基本幅面。

A0 号图纸幅面最大（841mm×1189mm），沿长边将其对裁，可获得 A1 号图纸两张。依此类推，沿某号幅面的图纸的长边对裁就能获得该号的下一号幅面的图纸。五种基本图纸幅面尺寸之间的关系如图 TYBZ00501007-1 所示。

必要时，也允许加大幅面，其尺寸是由基本幅面的短边成整数倍增加后得出的。

表 TYBZ00501007-1　　图　纸　幅　面　　mm

幅面代号	幅面尺寸 $B\times L$	周边尺寸		
		a	e	c
A0	841×1189	25	20	10
A1	594×841			
A2	420×594		10	
A3	297×420			5
A4	210×297			

2. 图框格式

绘图时，必须在图纸上用粗实线画出图框，且图样必须绘制在图框内部。国标规定图框格式分为留装订边和不留装订边两种。不留装订边的图框格式如图 TYBZ00501007-2（a）、（b）所示，留装订边的图框格式如图 TYBZ00501007-2（c）、（d）所示。其尺寸规定详见表 TYBZ00501007-1。

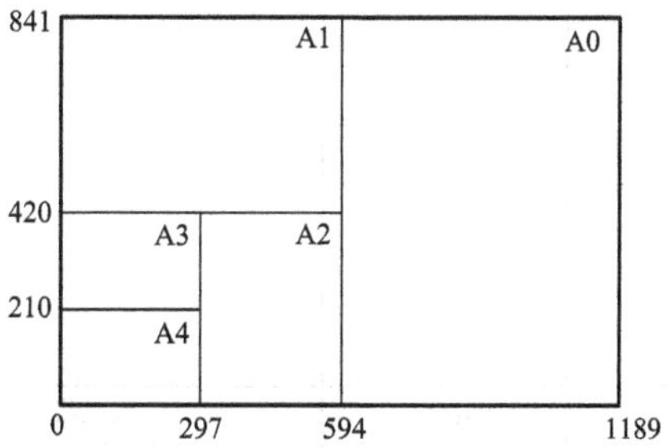

图 TYBZ00501007-1　图纸幅面

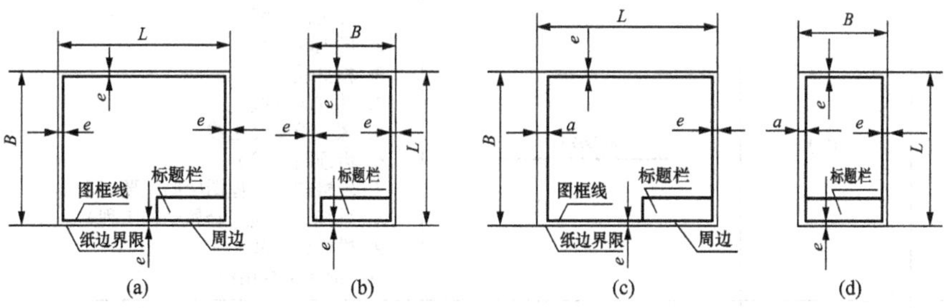

图 TYBZ00501007-2　图框格式

同一产品的图样只能采用同一种图框格式。

二、图线

1. 线型

图样中的图形是由各种图线构成的。GB/T 17450—1998《技术制图　图线》规定了绘制技术图样的 15 种基本线型，规定了线型的变形和相互组合。GB/T 4457.4—2002《机械制图　图样画法　图线》规定了机械制图中所用的 9 种线型，其名称、型式、画法和应用见表 TYBZ00501007-2。

表 TYBZ00501007-2　机械制图的图线型式及其应用（GB/T 4457.4—2002）

序号	代码 NO.	型　式	一　般　应　用
1	01.1	细实线	1. 过渡线 2. 尺寸线 3. 尺寸界线 4. 指引线和基准线 5. 剖面线 6. 重合剖面的轮廓线 7. 短中心线 8. 螺纹的牙底线 9. 尺寸线起止线 10. 表示平面的对角线 11. 零件成形前的弯折线 12. 范围线及分界线 13. 重复要素表示线，例如：齿轮的齿根线 14. 锥形结构的基面位置线 15. 叠片结构的位置线，例如：变压器叠钢片 16. 辅助线 17. 不连续的同一表面的连线 18. 成规律分布的相同要素的连线 19. 投影线 20. 网络线
2	01.1	波浪线	断裂处边界线；视图与剖视图的分界线
3	01.1	双折线	断裂处的边界线；视图与剖视图的分界线
4	01.2	粗实线	1. 可见棱边线 2. 可见轮廓线 3. 相贯线 4. 螺纹牙顶线 5. 螺纹长度终止线 6. 齿顶圆（线） 7. 表格图、流程图中的主要表示线 8. 系统结构线（金属结构工程） 9. 模样分裂线 10. 剖切符号用线
5	02.1	细虚线	1. 不可见棱边线 2. 不可见轮廓线
6	02.2	粗虚线	允许表面处理的表示线

续表

序号	代码 NO.	型 式	一 般 应 用
7	04.1	细点画线	1. 轴线 2. 中心对称线 3. 分度圆（线） 4. 孔系分布的中心线 5. 剖切线不可见轮廓线
8	04.2	粗点画线	限定范围表示线
9	05.1	细双点画线	1. 相邻辅助零件的轮廓线 2. 可动零件的极限位置的轮廓线 3. 重心线 4. 成形前轮廓线 5. 剖切面前的结构轮廓线 6. 轨迹线 7. 毛坯图中制成品的轮廓线 8. 特定区域线 9. 延伸公差 10. 工艺用结构的轮廓线 11. 中断线

说明：

（1）代码中的前两位数表示基本线型，最后一位数表示线宽的种类，其中“1”表示“细”，“2”表示“粗”。

（2）第 2、第 3 种线型，即波浪线和双折线，在同一张图样中一般采用一种。

（3）双折线的画法，如图 TYBZ00501007–3 所示。

2. 图线应用

图线应用如图 TYBZ00501007–4 所示。

3. 宽度

图线分为粗、细两种。它们之间的比例为 2:1。GB/T 4457.4—2002《机械制图 图线》规定了图线的宽度与组别，见表 TYBZ00501007–3。

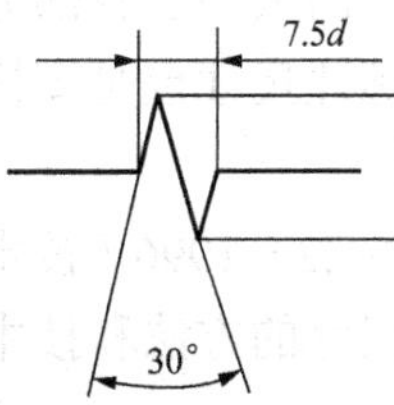

图 TYBZ00501007–3 双折线的画法

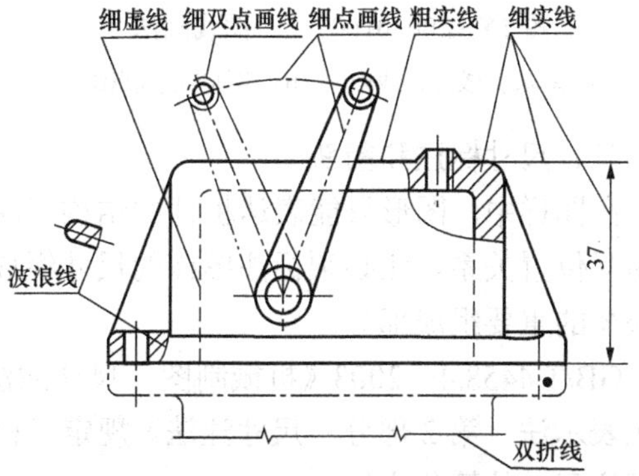

图 TYBZ00501007–4 图线的应用

4. 画法

粗线的宽度 d 应根据图样的大小和复杂程度从表 TYBZ00501007–3 中选择。同一图样中同类图线的宽度应基本一致，其偏差不得大于 $\pm 0.1d$。点画线、虚线、双点画线及粗点画线的短画或长画的长度和间隔应该大致相等。

除非另有特殊规定，两条平行线（包括剖面线）之间的距离不得小于粗实线宽度的 2 倍，即两条平行线的最小距离不得小于 0.7mm。

表 TYBZ00501007–3　　图线宽度和图线组别　　mm

线型组别	与线型代码对应的线型宽度	
	01.2；02.2；04.2	01.1；02.1；04.1；05.1
0.25	0.25	0.13
0.35	0.35	0.18
0.5[a]	0.5	0.25
0.7[a]	0.7	0.35
1	1	0.5
1.4	1.4	0.7
2	2	1

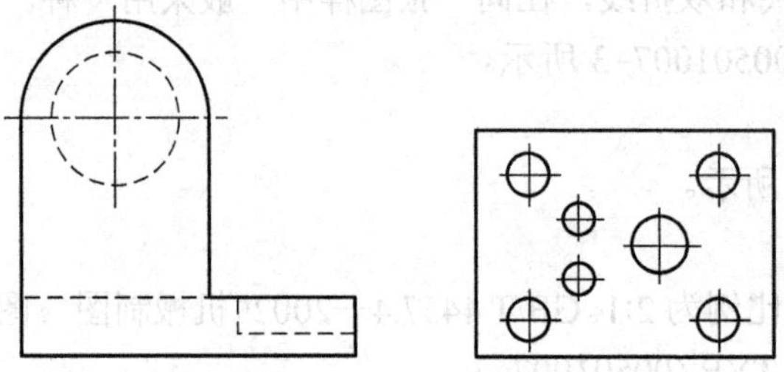
(a)　　(b)

图 TYBZ00501007–5　图线画法

（a）基本线相交于画线处；（b）用细实线代点画线

基本线型应该恰当相交于画线处，即粗实线、点画线、虚线、双点画线各自或相互相交时必须相交于画线处，如图 TYBZ00501007–5（a）所示。

在较小的图形上绘制点画线或双点画线比较困难时，可以用细实线代替之，如图 TYBZ00501007–5（b）所示。

三、尺寸标注和箭头

在图样中，图形只能表达机件的结构形状，而要确定机件的大小及各部分之间的相互位置关系，还必须标注图样的尺寸组成部分。因此，标注尺寸也是图样中不可缺少的重要组成部分。

GB/T 4458.4—2003《机械制图　尺寸注法》和 GB/T 16675.2—1996《技术制图　简化表示法　第 2 部分　尺寸注法》规定了机械制图中标注尺寸的方法和技术制图中标注尺寸的简化方法。

1. 基本规则

（1）机件的真实大小应以图样上所标注的尺寸数值为依据，与图形的大小及绘图的准确度无关。

（2）图样中（包括技术要求和其他说明）的尺寸，以 mm（毫米）为单位时，不需标注单位符号（或名称），如采用其他单位，则应注明相应的单位符号。

（3）图样中所标注的尺寸，为该图样所示机件的最后完工尺寸，否则应另加说明。

（4）机件的每一尺寸，一般只标注一次，并应标注在反映该结构最清晰的图形上。

2. 标注尺寸的要素

（1）尺寸界线。尺寸界线表示所注尺寸的起止范围，用细实线绘制。尺寸界线应由图形的轮廓线、轴线、对称中心线处引出，也可以利用轮廓线、轴线、对称中心线作为尺寸界线，如图 TYBZ00501007–6 所示。

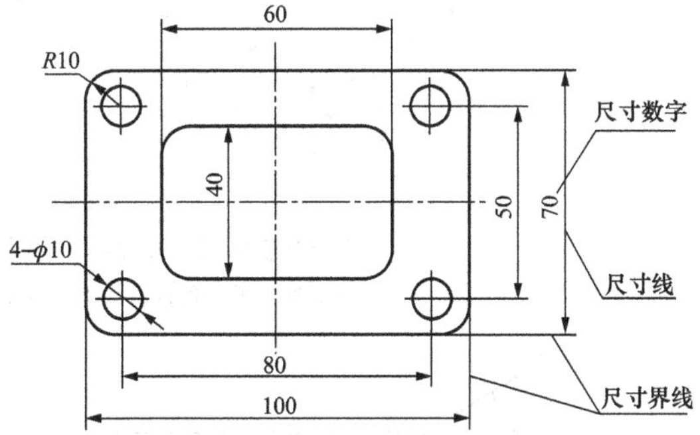

图 TYBZ00501007–6　尺寸界线的画法

（2）尺寸线。尺寸线用细实线绘制。尺寸线有箭头和斜线两种终端形式。箭头适用于各种类型的图样，其形式如图 TYBZ00501007–7（a）所示。斜线用细实线绘制，当尺寸线的终端采用斜线形式时，尺寸线必须与尺寸界线垂直，斜线的画法如图 TYBZ00501007–7（b）所示。

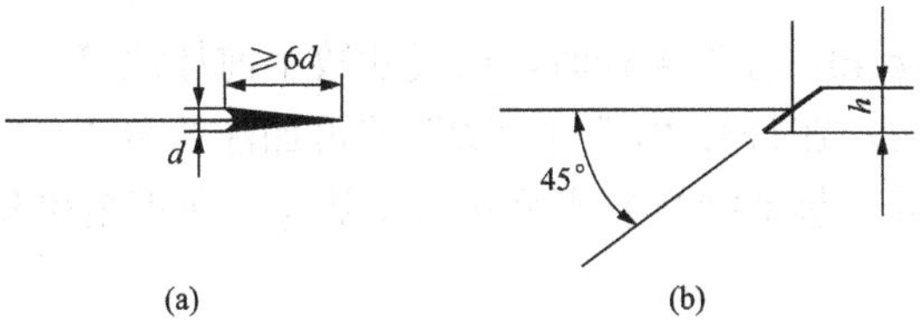

图 TYBZ00501007–7　尺寸线的终端形式

（a）箭头的画法；（b）斜线的画法

d—粗线的宽度；*h*—字体的高度

当尺寸线与尺寸界线互相垂直时，同一张图样中只能采用一种尺寸线终端的形式。在地方不够的情况下，还允许用圆点或斜线代替箭头。

标注线性尺寸时，尺寸线必须与所标注的线段平行，平行线的间隔不得小于 5mm；尺寸线不能用其他图线代替，一般也不得与其他图线重合或绘制在其延长线上，标注时应尽量避免与其他尺寸线或尺寸界线交错。尺寸界线应超出尺寸线约 2～5mm，一般情况下尺寸线应与尺寸界线垂直，如图 TYBZ00501007–6 所示；必要时才允许倾斜。

（3）尺寸数字。线性尺寸的数字的一般注写方向如图 TYBZ00501007–8（a）所示，并尽可能避免在图示 30°范围内标注尺寸；当无法避免时的标注形式如图 TYBZ00501007–8（b）所示。

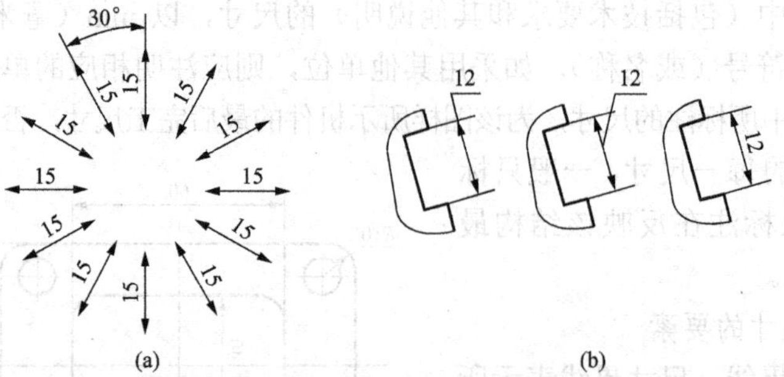

图 TYBZ00501007–8 线形尺寸数字注写方向

（a）数字的一般注写方向；（b）数字的特殊注写方向

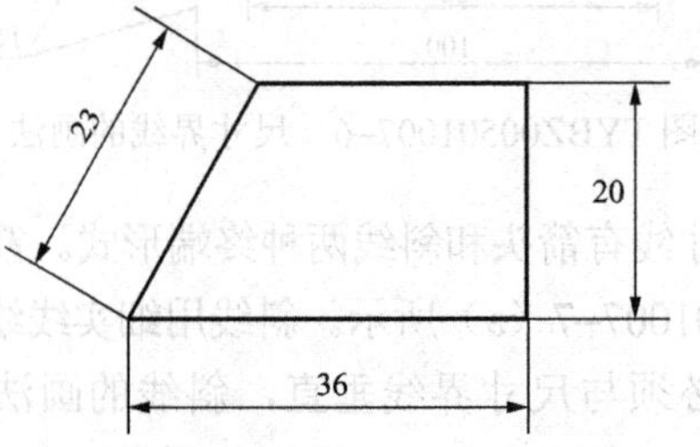

图 TYBZ00501007–9 线形尺寸数字注写方向

在不至引起误解的情况下，对于非水平方向的尺寸，也允许其数字水平地注写在尺寸线的中断处，如图 TYBZ00501007–9 所示。

在同一张图样中，应尽可能采用同一种注写方法。

3. 标注尺寸的符号

（1）标注直径时，在尺寸数字前加注符号“ϕ ”，如ϕ40；标注半径时，在尺寸数字前加注符号“*R*”，如 *R*10；标注球面的直径或半径时，在符号“ϕ”或“*R*”前再加注符号“*S*”，如 *S* ϕ30；标注螺钉或铆钉的头部、轴（包括螺杆）或手柄的端部等，在不至引起误解的情况下，可以省略符号“*S*”。

（2）标注弧长时，在尺寸数字上方加注圆弧符号。

（3）标注剖面为正方形结构的尺寸时，在正方形边长尺寸数字前加注符号“口”或采用“*B***B*”的形式标注。

（4）标注板状零件的厚度时，在尺寸数字前加注符号“*t*”。

（5）标注参考尺寸时，将尺寸数字加上圆括号。

（6）标注斜度或锥度时，在斜度、锥度比值 1:*n* 前加注斜度、锥度符号，且符号的方向应与斜度、锥度的方向一致。

四、字体

图样上除了用图形表达机件的结构形状外，还需要用文字、数字和字母等注明机件的大小和技术要求等。

GB/T 14691—1993《技术制图　字体》规定了汉字、字母和数字的结构形式及基本尺寸，要求书写图样和技术文件中的字体时必须做到字体工整、笔画清楚、间隔均匀、排列整齐。

字体号数（即字体高度数字，字体高度单位为mm）的公称尺寸系列为：

1.8，2.5，3.5，5，7，10，14，20

如果需要书写更大的字体，则字体号数可以按$\sqrt{2}$的比率递增。

1. 汉字

规定汉字的字体为长仿宋体，并且采用中华人民共和国国务院正式公布推行的《汉字简化方案》中的简化字。

汉字的高度h不得小于3.5mm，字宽一般为$h\sqrt{2}$。

长仿宋体汉字的书写要领是：横平竖直、结构均匀、注意起落、填满方格。

汉字书写示例：

字体工整　　笔画清楚

间隔均匀　　排列整齐

横平竖直　结构均匀　注意起落　填满方格

2. 字母和数字

字母和数字分为A型和B型字体。A型字体的笔画宽度是字高的1/14，B型字体的笔画宽度是字高的1/10。

字母和数字可以写成直体或斜体两种形式。斜体字字头向右倾斜，与水平基准线呈75°角。

在同一图样中，只能选用一种类型的字体。

A型直体字母和数字书写字例：

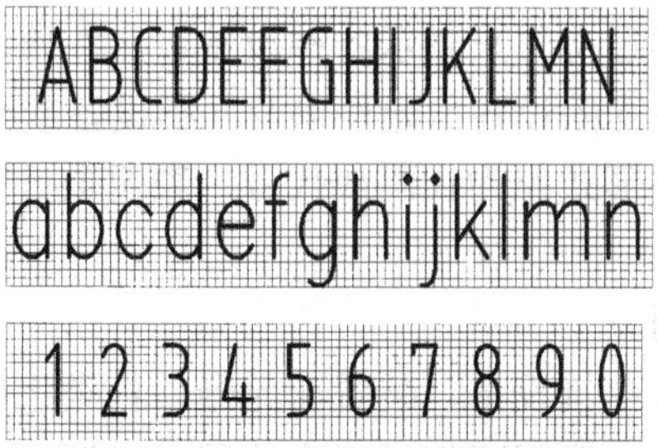

A型斜体字母和数字书写字例：

3. 图样中的书写规定

用作分数、指数、极限偏差、注脚等的字母和数字一般应采用小一号的字体。例如：

$$\mathrm{Tr} \qquad 10^{2} \qquad \phi 30^{+0.012}_{-0.025} \qquad \pm 20^{+0.021}_{+0.011} \qquad D_1$$

图样中的数学符号、物理量符号、计量单位符号以及其他符号和代号应分别符合国家的有关规定和标准。

【思考与练习】

1. 基本的图纸幅面有哪几种？
2. 标注尺寸的要素有哪些？

模块8　文字符号的制订通则（TYBZ00501008）

【模块描述】本模块介绍图形符号旁标注的相应文字符号的含义。通过对这些文字符号的描述讲解，掌握区分不同设备、元件以及同类设备或元件中不同功能的设备或元件的特定文字符号。

【正文】

在电气图中，除用图形符号来表示各种设备、元件外，还在图形符号旁标注相应的文字符号，以区分不同的设备、元件以及同类设备或元件中不同功能的设备或元件。文字符号是以文字形式作为代码或代号，表明项目种类和线路特征、功能、状态或概念的。

一、文字符号的作用

（1）为项目代号提供电气设备、装置和元器件种类字母代号和功能字母代号。

（2）作为限定符号与一般图形符号组合使用，以派生新的图形符号。

（3）在技术文件和电气设备中表示电气设备及线路的功能、状态和特征。

二、文字符号的组成

文字符号分为基本文字符号（单字母或双字母）和辅助文字符号。

1. 基本文字符号

（1）单字母符号是按拉丁字母将各种设备、装置和元件划分为 23 大类，每大类用一个专用单字母符号表示。如“C”表示电容器类等。单字母符号应优先使用。GB/T 7159—1987《电气技术中的文字符号制订通则》列举了一部分，各专业可按分类补充所需的电气设备、装置和元器件。

（2）双字母符号是由一个表示种类的单字母符号与另一个字母组成，其组合形式应以单字母符号在前、另一字母在后的次序列出。如“GB”表示蓄电池，“G”为电源的单字母符号。只有当用单字母符号不能满足要求、需要将大类进一步划分时，才采用双字母符号，以便较详细和更具体地表述电气设备、装置和元器件。如“F”表示保护器件类，而“FU”表示熔断器，“FR”表示具有延时动作的限流保护器件等。双字母符号的第一位字母只允许按 GB/T 7159—1987 表 1 中单字母所表示的种类使用。各专业可以补充 GB/T 7159—1987 未列出的双字母符号。

2. 辅助文字符号

辅助文字符号是用以表示电气设备、装置和元器件以及线路的功能、状态和特征的。如“SYN”表示同步，“L”表示限制，“RD”表示红色等。辅助文字符号也可放在表示种类的单字母符号后边组成双字母符号，如“SP”表示压力传感器，“YB”表示电磁制动器。为简化文字符号起见，若辅助文字符号由两个以上字母组成时，允许只采用其第一位字母进行组合，如“MS”表示同步电动机等。辅助文字符号还可以单独使用，如“ON”表示接通，“M”表示中间线，“PE”表示保护接地等。

三、补充文字符号的原则

GB/T 7159—1987 中规定的基本文字符号和辅助文字符号如不敷使用，可按 GB/T 7159—1987 标准中文字符号组成规律和下面的原则予以补充。

（1）在不违背标准编制原则的条件下，可以采用国际标准中规定的电气技术文字符号。

（2）在优先采用 GB/T 7159—1987 中规定的单字母符号、双字母符号和辅助文字符号前提下，可以补充 GB/T 7159—1987 中未列出的双字母符号和辅助文字符号。

（3）文字符号应按有关电气名词术语国家标准或专业标准中规定的英文术语缩写而成。同一设备若有几种名称时，应选用其中一个名称。当设备名称、功能、状态和特征为一个英文单词时，一般采用该单词的第一个字母构成文字符号，需要时也可用前两位字母，或前两个音节的首位字母，亦可采用常用缩略语或约定俗成的习惯用法构成；当设备名称、功能、状态或特征为二个或三个英文单词时，一般采用该二个或三个单词的第一位字母，亦可采用常用缩略语或约定俗成的习惯用法构成文字符号。

对基本文字符号不得超过两位字母，对辅助文字符号一般不能超过三位字母。

（4）因拉丁字母“I”、“O”易同阿拉伯数字“1”和“0”混淆，因此，不允许单独作为文字符号使用。

（5）文字符号的字母采用拉丁字母大写正体字。

四、电气设备常用基本文字符号和常用辅助文字符号

读者在阅读教材时，对于常用基本文字符号和常用辅助文字符号可以查阅相关的国家标准 GB/T 7159—1987。

【思考与练习】

1. 文字符号的作用是什么？
2. 补充文字符号的原则是什么？

模块 9 项目代号（TYBZ00501009）

【模块描述】本模块介绍项目代号的构成形式。通过对项目代号各个信息代号段所表示的含义的讲解，掌握电气图中所表示对象具有的本身含义、确切的层次关系及实际位置。

【正文】

在电路图中，除了能见到元器件图形符号和连接线外，还会见到大量特定的文字符号组合，称之为代号。这些电路图中的代号，与我们看惯了的旧电路图中的设备文字符号相似，包含有数字和字母。但无论是所用符号种类和结构形式，还是其所包含的信息，两者有很大差异。这些代号既是新电路图的编制特点，也是我们阅读新电路图要重点关注的。

电路图中的代号有多种，如：项目代号、端子代号、信号与连接线代号、功能代号等。本模块介绍项目代号的作用、结构形式、所含信息和识别方法。

一、项目代号

（一）项目代号及其作用

一个电气系统或一套电气装置都是由各种系统、设备、功能单元、组件和元器件等组成。在电气技术中，这些系统、成套装置、设备、功能单元、组件和元器件被称为项目。项目的大小相差很大，二极管、电阻、继电器、保护装置、保护屏、断路器、变压器、发电机等都可称为项目。为了在电气图上表示出这些项目，除了绘制不同的图形符号外，还必须标注特定文字符号组合，这个特定文字符号组合就称为项目代号。

项目代号可以理解为项目的“姓名”，一个项目只可以有一个项目代号；一个项目代号只标志一个物体，项目代号在一套图纸中具有惟一性。在电气图中的项目代号有如下方面的作用：

（1）用于标识图形符号的项目种类属性，并提供项目层次关系、实际位置等信息。

（2）用于区别具有相同图形符号的不同项目个体。

（3）使分布在图中各处的同一项目的图形符号，通过项目代号相互联系起来。

在不同图、图表、表格、说明书上的项目和工程现场实际项目，通过同一代号相互一一对应，有利于阅读和维护。

（二）项目代号的分段和标注方式

在电路图中，凡是标注在项目图形符号附近的，带有“=”、“+”或“–”等符号前缀的，由大写直体拉丁字母和阿拉伯数字组成的特定符号组合，就是项目代号，如图 TYBZ00501009–1 所示。

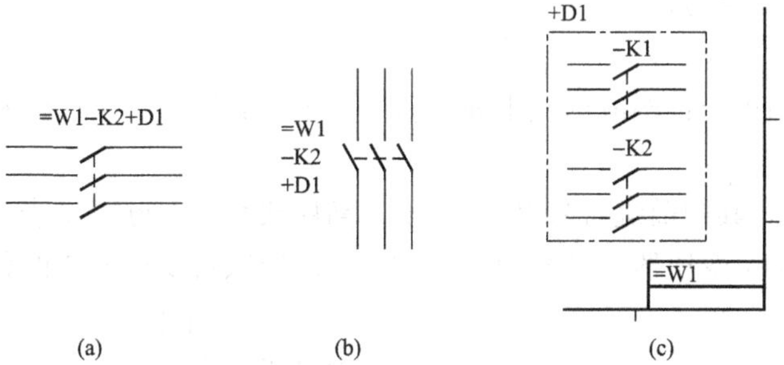

图 TYBZ00501009–1 项目代号的标注示例

（a）图形符号水平布置时项目代号的标准；（b）图形符号垂直布置时项目代号的标注；（c）项目代号公共部分的标注

国家标准 GB/T 5094.3—2005《工业系统、装置与设备以及工业产品结构原则与参考代号 第 3 部分 应用指南》规定，一个完整的项目代号含有四个代号段。分别是：

第 1 段 高层代号，其前缀符号为“=”；

第 2 段 位置代号，其前缀符号为“+”；

第 3 段 种类代号，其前缀符号为“–”；

第 4 段 端子代号，其前缀符号为“：”。

在电路图中，端子代号通常独立标注，项目代号一般只包含前三个代号段。图 TYBZ00501009–1 中的项目代号就只包含从第 1 段至第 3 段的三个代号段。

项目代号标注在项目图形符号的旁边，通常，如果图形符号是水平布置，则标注在符号上边，如图 TYBZ00501009–1（a）所示；如果图形符号是垂直布置，则标注在符号左边，如图 TYBZ00501009–1（b）所示。项目代号的公共部分可标注在围框线外或标题栏内，如图 TYBZ00501009–1（c）所示。特殊情况下，项目代号也可能标注在图形符号旁的其他方位，或标注在图形符号轮廓线里。

在工程图纸中，应完整地标注项目代号的三个代号段。对设备制造厂来说，对产品内部的各组成项目只标注种类代号，或只标注位置代号。这个位置代号是以项目在产品内部位置划分的。

二、项目代号的第一段——高层代号

对项目而言，系统或设备中任何较高层次项目的代号，称为高层代号。例如，某变电所的一条线路的项目代号既标注线路的代号又标注变电所的代号，则变电所的代号称为高层代号；若此线路系统中的一个隔离开关的项目代号中，既标注隔离开关的代号，又标注线路的代号，则线路的代号称为高层代号。所以，在某项目标注自身代号的同时所加注的高层代号，可提供该项目归属于哪一个较高层次项目的信息。

（一）高层代号的构成

1. 形式一

高层代号的第一种构成形式由前缀符号“=”、高层项目字母码和数字序号三部分组成：

例如：=T2，其中前缀符号“=”表示为高层代号，字母码 T 表示变压器，数字序号 2 表示第 2 个变压器。综合而言，=T2 为高层项目变压器 2 的代号。

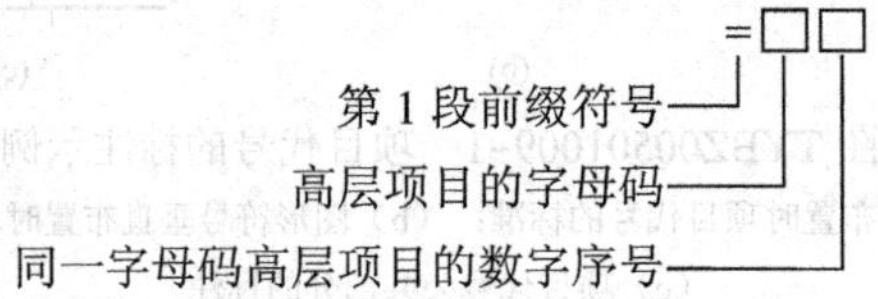

2. 形式二

高层代号的第二种构成形式由前缀符号“=”、高层项目数字码两部分组成：

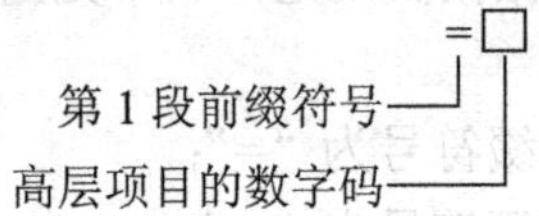

例如：=2，为高层项目单元 2 的代号。

（二）高层代号用字母码

因为高层代号与系统的划分方法有关，而不同类型的系统划分方法又不相同，因此国家标准 GB/T 5094.3—2005 没有推荐统一规定的高层项目字母代码表。对于电力系统的项目来说，它们的较高层次项目大多数是电气项目，诸如变压器单元、发电机—变压器组、母线系统、馈线单元等，可以借用表 TYBZ00501009–1 的种类字母码，也可以另行规定。因此，在读图前应查阅相关文件关于高层代号字母码的规定。

（三）高层代号的简化

1. 多层高层代号中的前缀符号可省略

在高层代号中，若高层代号仅由前缀符号“—”添加 1 个字母代码和 1 个数字序号组成时，则在不致引起混淆的情况下可省略中间的前缀符号，例如：

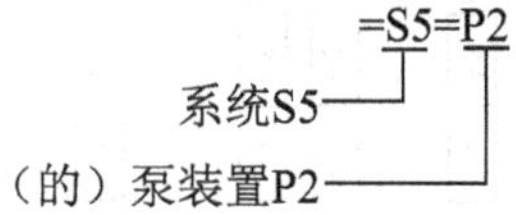

可简化为=S5P2。

2. 高层代号可标注在公共围框外

一个系统中的任一项目，可以用第 1 段和第 3 段组成项目代号，如图 TYBZ00501009–2（a）所示，也可以只用第 3 段种类代号而将每个项目代号中均有的第 1 段高层代号标注在公共围框线外，如图 TYBZ00501009–2（b）所示。整张图上所有项目的公共高层代号还可标注在标题栏中。

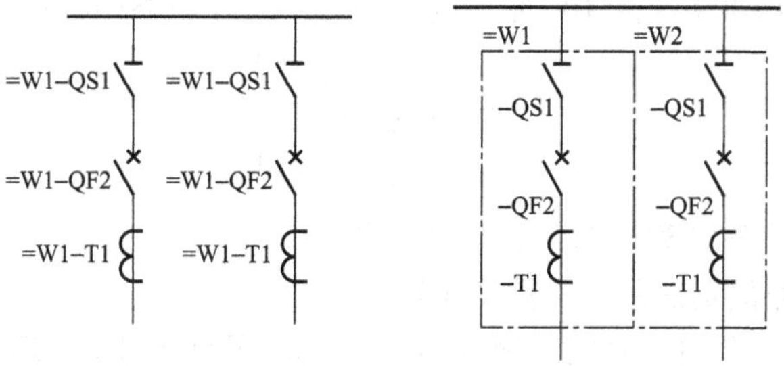

(a) (b)

图 TYBZ00501009–2 高层代号与种类代号组成的项目代号

（a）高层代号标注在种类代号前；（b）高层代号标注在公共围框外

三、项目代号的第二段——位置代号

用于标识项目在组件、设备、系统或建筑物中的实际位置的项目代号第二段，称为位置代号。

位置代号由前缀符号“+”和表示项目所在位置（建筑物、柜列、屏柜、间隔、安装板等）的字母或数字组成：

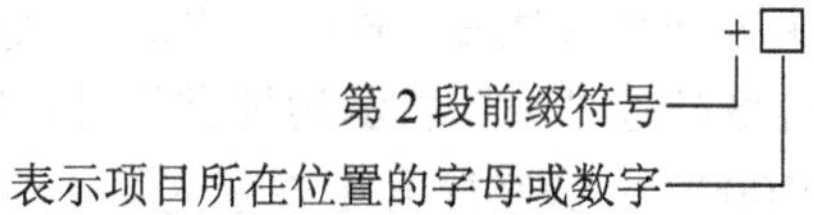

例如：+C、+3 等。为方便图纸使用者阅读，这些代号及所表示的位置应在图上或相关文件中说明。图 TYBZ00501009–3 为位置代号与对应空间位置的平面示意图，示出一个开关室，代号为+106，安装有 4 列开关柜，每列由若干个柜体构成，图中示出了位置代号与柜体的对应关系。

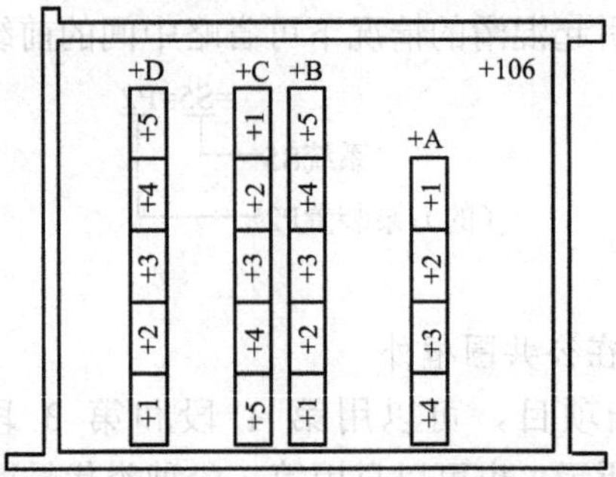

图 TYBZ00501009-3 位置代号与对应空间位置的平面示意图

为了更详细地标识项目的位置，位置代号可连续书写为多层位置代号。例如安装在图 TYBZ00501009-3 的 106 室中的某项目，若在电路中标注代号为：

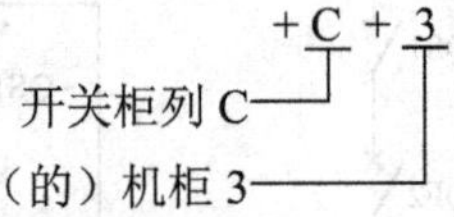

则表示该项目在 C 列柜的第 3 个机柜中。

四、项目代号的第三段——种类代号

用于标志和识别项目的种类属性和不同个体的项目代号第三段，称为种类代号。

（一）种类代号的构成

1. 形式 1

种类代号的第一种构成形式由前缀符号“—”、项目种类字母码和数字序号三部分组成：

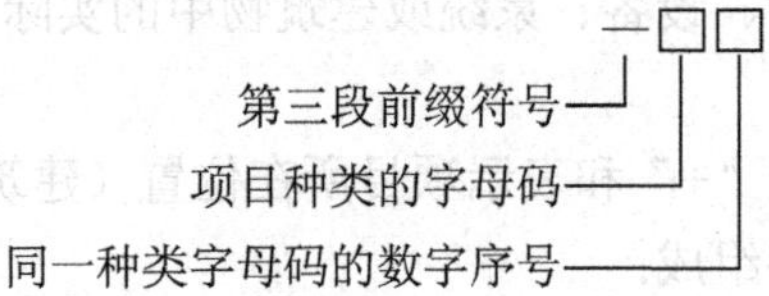

图 TYBZ00501009-4 中的种类代号—K1、—K2、—Q1 和—H1 就是按这种形式构成的。例如—K1，前缀符号“—”表示为种类代号；字母码 K 表示为继电器类器件，见表 TYBZ00501009-1；数字序号 1 表示为第 1 个个体；代号—K1 表示其旁的线圈图形符号为继电器 1。

在不至引起混淆的情况下，种类代号前缀符号“—”可以省略。例如，图 TYBZ00501009-5 中的种类代号为 K1、K2、Q1 和 H1，并加注说明。

2. 形式 2

种类代号的第二种构成形式由前缀符号“—”和项目的数字序号组成：

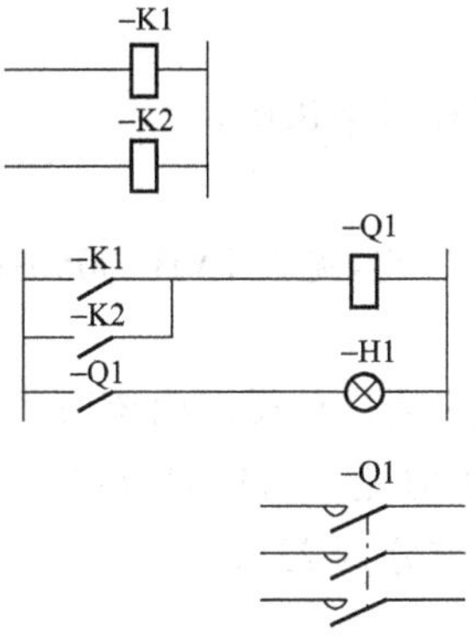

图 TYBZ00501009–4　种类代号形式 1 示例

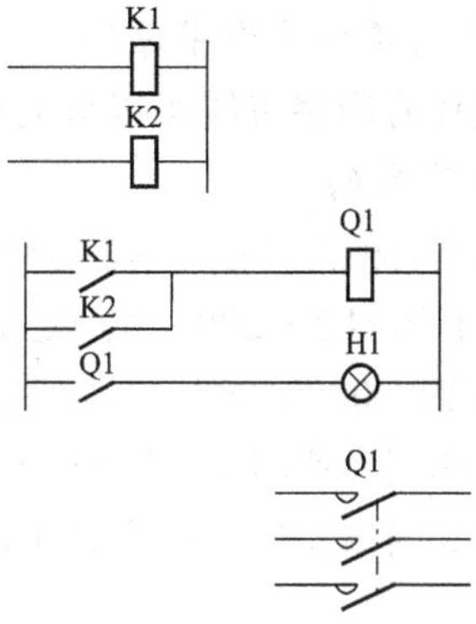

图 TYBZ00501009–5　省略前缀的种类代号示例

注：所有没有前缀符号的项目代号属于第三段

同时将这些数字序号和它所表示的项目列表于图上或相关文件中，如图 TYBZ00501009–6 所示。

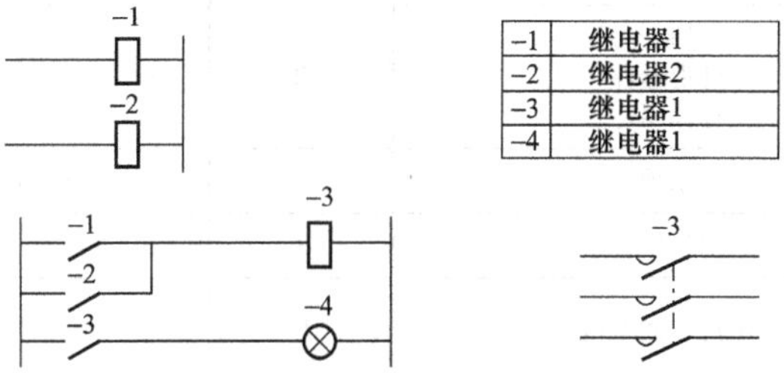

–1	继电器1
–2	继电器2
–3	继电器1
–4	继电器1

图 TYBZ00501009–6　种类代号形式 2 示例

3. 形式 3

种类代号的第三种构成形式由前缀符号“—”和项目的分组数字编号两部分组成，将这些分组数字编号和它所代表的项目列表于图中或相关文件中，如图 TYBZ00501009–7 所示。

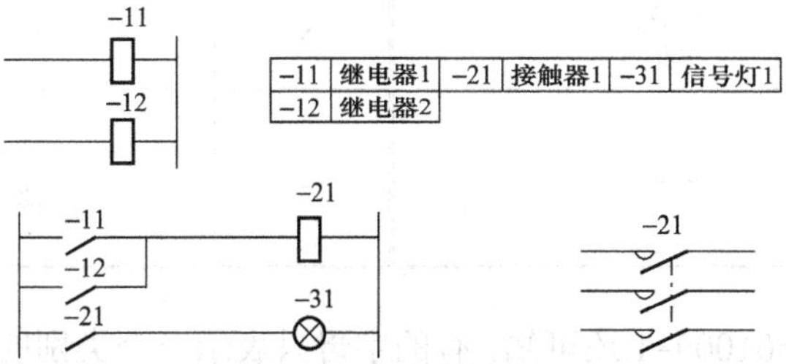

–11	继电器1	–21	接触器1	–31	信号灯1
–12	继电器2				

图 TYBZ00501009–7　种类代号形式 3 示例

(二) 种类代号用字母码

种类代号用字母码可以分为单字母码、双字母码和多字母码。

1. 单字母码

标准化的种类代号用单字母码表示，为大写直体拉丁字母，见表 TYBZ00501009-1，这是 GB/T 5094.3—2005 所规定的。

表 TYBZ00501009-1 列出了字母码及其所表示的项目种类，由该表可知，在 26 个大写拉丁字母中，字母 I、O 没有采用，这是为了避免和阿拉伯数字 1、0 的混淆，字母 J 尚未安排，留作备用，其余字母将项目种类分为 23 个大类。

表 TYBZ00501009-1　已标准化的种类代号用单字母码

字母码	项 目 种 类	字母码	项 目 种 类
A	组 件 部 件	N	模拟集成电路
B	变换器 （从非电量到电量或相反）	P	测量设备 试验设备
C	电容器	Q	电力电路的开关
D	二进制单元 延迟器件 存储器件	R	电阻器
E	杂项	S	控制电路的开关、选择器
F	保护器件	T	变压器
G	电源、发电机	U	调制器 变换器
H	信号器件	V	电真空器件 半导体器件
J	—	W	传输通道 波导、天线
K	继电器、接触器	X	端子 插头 插座
L	电感器 电抗器	Y	电气操动的机械装置
M	电动机	Z	终端设备 混合变压器 滤波器、均衡器 限幅器

由表 TYBZ00501009-1 还可知，有的字母只表示一个类别的项目，如字母 Q 只表示电力电路开关类，字母 R 只表示电阻器类，字母 T 只表示变压器类等，而有的

字母则表示多类项目，如字母 L 表示电感器类又表示电抗器类，字母 P 既表示测试设备又表示试验设备。每一器件类又包含多种器件，如 K 既可标识测量继电器，也可标识有或无继电器，阅读电路图时应注意这一点。

在 GB/T 6988.1—2008《电气技术用文件的编制 第 1 部分 规则》中注明对种类代号字母码的选用，“对本标准来说，按惯例，下列项目代号为：对电源电路中的接触器选用字母代号 Q；对用于保护的测量继电器，选用字母代号 K。在实际应用中，也可参照相关标准采用其他的惯例。”

这就是说，国家标准 GB/T 6988.1—2008 已经对表 TYBZ00501009–1 中的字母码选用做了两点调整：

（1）对于电源电路中的接触器，可选用字母码 Q，以归属为电力电路开关类，也可按国家标准 GB/T 5094.3—2005，即按表 TYBZ00501009–1 选用字母码 K。

（2）对于保护测量继电器，可选用字母码 K，以归属为继电器类也可将保护测量继电器归属于保护器件，而选用字母码 F。

2. 双字母码

单字母码粗略地将电气项目种类划分为 23 个大类，对于类别繁多的设备来说，有时要求进一步细化划分，以便更详细和更具体地表述项目的种类和功能，这就出现了双字母码。

双字母码是在表 TYBZ00501009–1 所示的单字母码后面添加另一个大写直体拉丁字母组成。例如，继电器的单字母码是 K，在它后面添加字母 P、T，构成双字母码 KP、KT，分别表示属于继电器类中的极化继电器、延时有或无继电器。

表 TYBZ00501009–2 所列的是已标准化的双字母码。这是由国家标准 GB/T 7159—1987《电气技术中的文字符号制订通则》规定的。IEC 204 仅是个别专业的标准，表 TYBZ00501009–2 列出的内容有限，故国家标准 GB/T 7159—1987 允许各专业可按分类补充所需项目的双字母码。

表 TYBZ00501009–2 已标准化的种类代号双字母码

项目类别	器件举例	双字母码	项目类别	器件举例	双字母码
A	电桥	AB	B	压力变换器	BP
	晶体管放大器	AD		位置变换器	BQ
	集成电路放大器	AJ		旋转变换器（测速发电机）	BR
	磁放大器	AM		温度变换器	BT
	电子管放大器	AV		速度变换器	BV
	印刷电路板	AP	C	—	—
	抽屉柜	AT			
	支架盘	AR	D	—	—

续表

项目类别	器件举例	双字母码	项目类别	器件举例	双字母码
E	发热器件 照明灯 空气调节器	EH EL EV	Q	断路器 电动机保护开关 隔离开关	QF QM QS
F	具有瞬时动作的限流保护器件 具有延时动作的限流保护器件 具有延时和瞬时动作的限流保护器件 熔断器 限压保护器件	FA FR FS FU FV	R	电位器 测量分流器 热敏电阻器 压敏电阻器	RP RS RT RV
G	同步发电机、发生器 异步发电机 蓄电池 变频机	GS GA GB GF	S	控制开关 选择开关 按钮开关 液位传感器 压力传感器 位置传感器（包括接近传感器） 转数传感器 温度传感器	SA SA SB SL SP SQ SR ST
H	声响指示器 光指示器 指示灯	HA HL HL			
K	瞬时接触器继电器 瞬时有或无继电器 交流继电器 闭锁接触继电器 双稳态继电器 接触器 极化继电器 簧片继电器 延时有或无继电器 逆流继电器	KA KA KA KL KL KM KP KR KT KR	T	电流互感器 控制电路电源用变压器 电力变压器 磁稳压器 电压互感器	TA TC TM TS TV
			U	—	—
			V	电子管 控制电路用电源的整流器	VE VC
L	—	—	W	—	—
M	同步电动机 可做发电机或电动机用的电机 力矩电动机	MS MG MT	X	连接片 测试插孔 插头 插座 端子板	XB XJ XP XS XT
N	—	—			
P	电流表 （脉冲）计数器 电能表 记录仪器 时钟、操作计时器 电压表	PA PC PJ PS PT PV	Y	电磁铁 电磁制动器 电磁离合器 电磁吸盘 电动阀 电磁阀	YA YB YC YH YM YV
			Z	—	—

国内编制的电路图中，种类代号多字母码还不尽统一，阅读这些多字母码时，不能光凭国家标准判断，而应同时查阅图上或图册中的以及相关文件中的有关说明。

（三）多层种类代号

在由若干个项目组成的复合项目内，项目种类代号的标注有两种方法，一种是标注自身的种类代号，另一种是加注复合项目的种类代号，构成多层种类代号。

在图 TYBZ00501009-8（a）中，点划线围框符号—Q2 为断路器，是个复合项目。组成它的各项目仅仅标注自身种类代号：

主触点组	—Q1，
辅助触点组	—S1，
储能弹簧位置开关	—S2，
通一断开关	—S3，
合闸线圈	—Y1，
分闸线圈	—Y2，
弹簧储能电动机	—M1。

在这些组成项目的种类代号前可添加复合项目的种类代号，构成多层种类代号。例：断路器 Q2 中的电动机 M1 的多层种类代号为—Q2—M1。

在多层种类代号中，若各层种类代号仅由前缀符号“—”添加 1 个字母代码和 1 个数字序号组成时，则在不致引起混淆的情况下可省略中间的前缀序号，因此电动机 M1 的多层种类代号可简化为—Q2M1，如图 TYBZ00501009-8（b）所示。

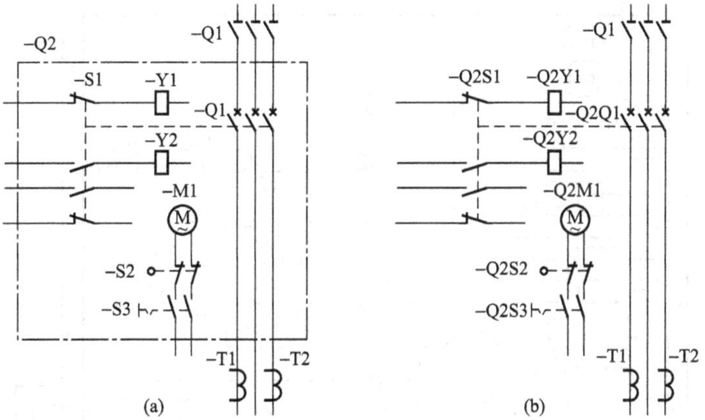

图 TYBZ00501009-8　复合项目中的种类代号标注方法

（a）标注自身种类代号；（b）标注多层种类代号

五、项目代号的识读要点

通过上面的介绍，已经了解项目代号的组成、构成方式、标注位置和常用字母码。在此基础上，就可以阅读实际工程图纸上的项目代号。识读项目代号时要注意如下几点：

（1）根据图中所标的前缀符号识别项目代号及其所属段。

（2）根据代号第三段中的字母码，查表 TYBZ00501009-1 和表 TYBZ00501009-2，读出项目的种类属性。

（3）种类字母码相同，但数字序号不同的，表示同类的不同个体。

（4）种类代号字母码相同，但图形符号不同的，表示不同的类别属性。因此，阅读项目种类属性时，不能光凭代号第 3 段，还应注意项目的图形符号。

（5）大多数种类代号中的字母码只是宽口径地说明项目的种类属性，如要进一步说明项目在电路中的具体功能，亦应注意项目图形符号的特点。

（6）相同的组件，具有相同的图形符号，当标注不同的项目种类字母码时，表示其在给定电路中的不同作用。

（7）图形符号旁的无前缀文字符号，可根据注或参照其他符号，以及查表来识别代号。

（8）根据代号第一段中的字母码，查阅图册或相关文件的说明，从而读出项目的高层项目的关系。

（9）根据代号第二段的内容，查阅图册或相关文件的说明，读出项目的所在位置。

【思考与练习】

1. 识别下图的项目代号及所属段。

2. 读出下图中项目的种类属性。

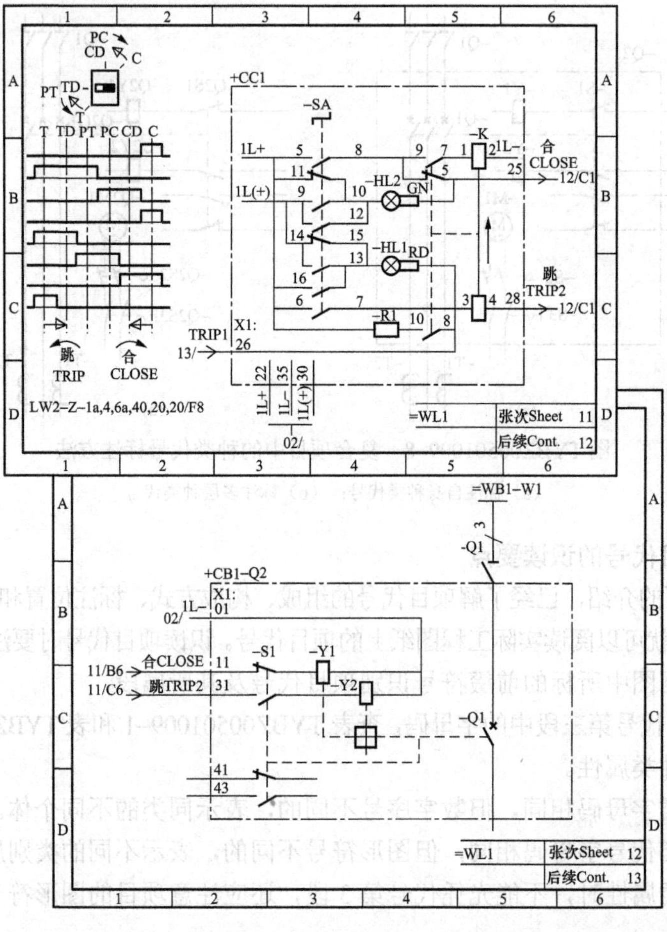

第二章　电气图识读、绘制

模块 1　开关、控制和保护器件图形符号识别（TYBZ00502001）

【模块描述】本模块介绍开关、控制、保护器件图形符号，通过对常用开关器件、触点、继电器、保护器件图例的示范讲解，能在图纸中正确识别以上图形符号。

【正文】

一、开关

开关电器的图形符号包括一般符号、限定符号和其他常用符号。

1. 一般符号

开关电器的一般符号如图 TYBZ00502001–1 所示。图中，形式 1 是常用形式，此形式与动合（常开）触点符号相同，形式 2 比形式 1 增加了表示节点小圆，主要用于采用形式 1 容易产生误解的时候。在实际使用中，常常在一般符号上添加限定符号和其他常用符号来表示特定的开关。

2. 限定符号

开关电器的限定符号一般用于表示限定开关电器的功能。常见开关电器的限定符号见表 TYBZ00502001–1。图 TYBZ00502001–2 是在开关一般符号上添加了接触器功能和自动释放功能的限定符，表示具有自动释放功能的接触器。

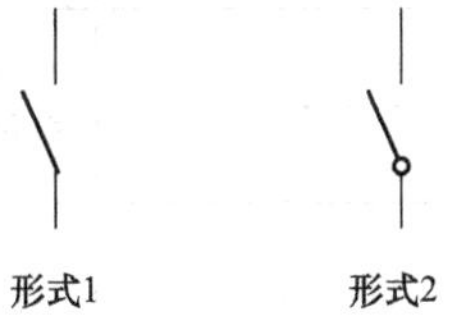

图 TYBZ00502001–1　开关电器的一般符号

图 TYBZ00502001–2　具有自动释放功能的接触器

表 TYBZ00502001–1　　常见开关电器的限定符号

序号	图形符号	说　明	序号	图形符号	说　明
07—01—01		接触器功能	07—01—05	■	由内装的测量继电器或脱扣器启动的自动释放功能
07—01—02	×	断路器功能	07—01—06		位置开关功能
07—01—03		隔离开关功能	07—01—07	◁	自动返回功能
07—01—04		负荷开关功能	07—01—08	○	无自动返回功能

3. 其他常用符号

其他常用符号主要包括操作件、机械控制和机械连接等符号。操作件符号用来表示开关电器的操作方式。机械控制符号表示开关电器的机械控制特性。机械连接符号一般用虚线表示，但图幅局限无法使用虚线时，可用双实线，表 TYBZ00502001–2 中 02—12—05 和 02—12—06 用双实线表示机械连接。表 TYBZ00502001–2 列出部分常见其他常用符号，详细符号可查阅国家标准 GB/T 4728.2—2005。

表 TYBZ00502001–2　　其 他 常 用 符 号

序号	图形符号	说　明	序号	图形符号	说　明
02—13—01		手动控制操作件	02—13—26	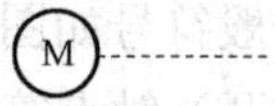	电动机操作
02—13—04		旋转操作	02—14—02		计数器操作
02—13—05	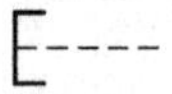	按动操作	02—12—05		延时动作（但运动方向是从圆弧指向圆心时动作被延时）
02—13—20	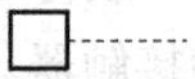	储存机械能操作	02—12—06	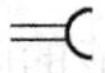	延时动作（但运动方向是从圆弧指向圆心时动作被延时）
02—13—23	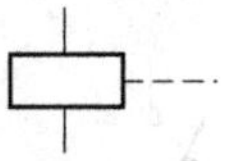	电磁效应操作	02—12—07		自动复位（三角指向复位方向）
02—13—24	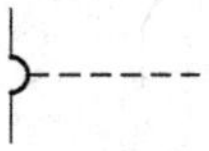	电磁器件操作，例如过电流保护	02—12—08		自锁
02—13—25		热器件操作，例如过电流保护	02—12—11		机械联锁

4. 常用电力开关图形符号

在开关电器一般符号上添加限定符号、其他常用符号形成完整的开关电器符号。图TYBZ00502001–3为三极机械式开关装置，手动式电动操作，具有自由脱扣机构和热式过负荷脱扣器、过电流脱扣器、带闭锁的手动脱扣器、遥控脱扣器的线圈、一个动合和一个动断辅助触点。在概略图中，一般仅在开关的一般电器符号上添加限定符号用于表示开关的通断电流能力。表 TYBZ00502001–3列出部分常用电力开关器件图形符号，详细符号可查阅国家标准 GB/T 4728.7—2008《电气简图用图形符号 第 7 部分 开关、控制和保护器件》。

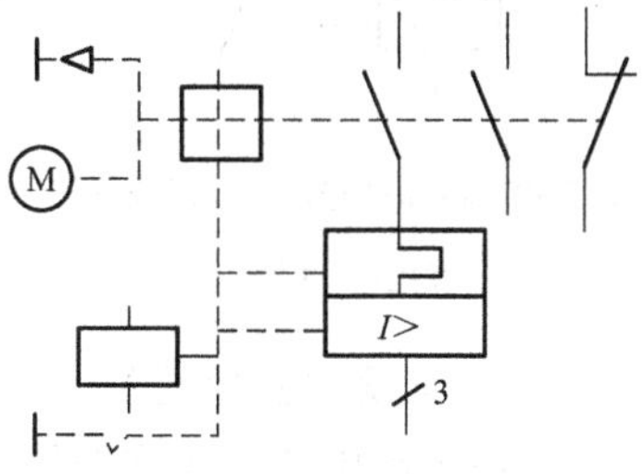

图 TYBZ00502001–3 三极机械式开关装置（07—13—12）

表 TYBZ00502001–3 常用电力开关器件图形符号

序号	图形符号	说 明	序号	图形符号	说 明
07—13—01		开关	07—13—06		隔离开关
07—13—02		接触器（主动合触点）	07—13—07	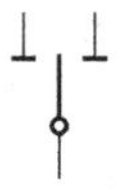	具有中间断开位置的双向隔离开关
07—13—03		具有由内装的测量继电器或脱扣器触发的自动释放功能的接触器	07—13—08		负荷开关
07—13—04		接触器（主动断触点）	07—13—09		具有由内装的测量继电器或脱扣器触发的自动释放功能的负荷开关
07—13—05		断路器	07—13—11	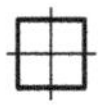	自由脱扣机构

二、有或无继电器

机电式有或无继电器图形符号通常由操作器件（一般为线圈）图符、连接符号和触电符号组成，如图 TYBZ00502001–4 所示。该图表示具有一个线圈和一个动合触点的有或无继电器。

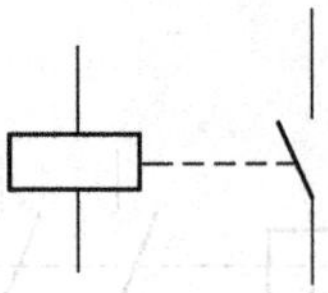

图 TYBZ00502001–4 有或无继电器符号

在绘制有或无继电器图纸时，除非图上特别说明，一般遵循以下规则：

1）图中触电位置（闭合或断开）对应于继电器线圈非激励状态，即动触件未受电磁力或操作力。

2）当继电器激励，动触件受电磁力或操作力时，垂直绘制的动触件向右运动，水平绘制的向上运动。

1. 常见操作器件图符

有或无继电器的操作器件分为电磁操作、热操作和半导体操作三类。目前，在电力系统中绝大部分采用线圈操作。部分常见操作器件图形符见表 TYBZ00502001–4，详细符号可查阅国家标准 GB/T 4728.7—2008。

表 TYBZ00502001–4　　常见操作器件图形符号

序号	图形符号	说　明	序号	图形符号	说　明
07—15—01 07—15—02	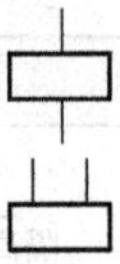 形式1 形式2	操作器件一般符号 继电器线圈一般符号	07—15—08	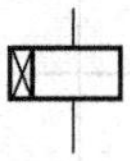	缓慢吸合继电器的线圈
07—15—03 07—15—04	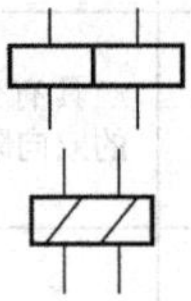 形式1 形式2	具有两个独立绕组的操作器件的组合表示法	07—15—10	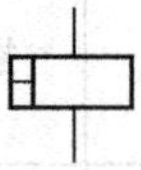	快速继电器（快吸快放）的线圈
07—15—05 07—15—06	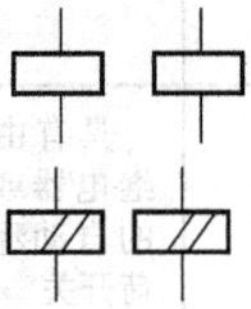 形式1 形式2	具有两个独立绕组的操作器件的分立表示法	07—15—14	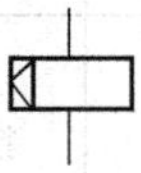	机械保持继电器的线圈
07—15—07	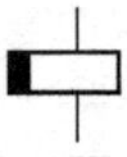	缓慢释放继电器的线圈	07—15—15 07—15—16	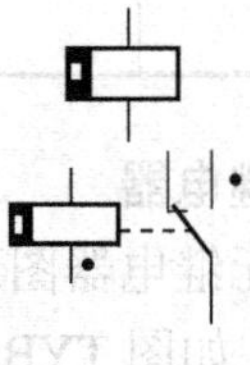	极化继电器的线圈 极性圆点（●）用以表示通过极性继电器绕组的正电流自下而上激励线圈时，动触点与标有极性圆点的静触点闭合

2. 触点图形符号

有或无继电器的触点有多种类型，具有不同的特性，如动合、动断、延时等。部分常见触点图形符号见表 TYBZ00502001-5，详细符号可查阅国家标准 GB/T 4728.7—2008。

表 TYBZ00502001-5 常见触点图形符号

序号	图形符号	说明	序号	图形符号	说明
07—02—01	 形式1	动合（常开）触点	07—03—02		当操作器件被释放时，暂时闭合的过渡动合触点
07—02—02	 形式2	本符号也可用作开关的一般符号			
07—02—03		动断（常闭）触点	07—05—01		当操作器件被吸合时延时闭合的动合触点
07—02—04		先断后合的转换触点	07—05—02		当操作器件被释放时延时断开的动合触点
07—02—05		中间断开的双向转换触点	07—05—03		当操作器件被吸合时延时断开的动断触点
07—02—06	 形式1	先合后断的双向转换触点	07—05—04		当操作器件被释放时延时闭合的动断触点
07—02—07	 形式2				
07—03—01		当操作器件被吸合时，暂时闭合的过渡动合触点	07—06—01		有自动返回的动合触点

三、测量继电器

测量继电器一般用方框表示，如图 TYBZ00502001-5 所示。图中的符号“*”由表示这个器件的一个或多个字母或限定符号按以下顺序代替：

1）特性量和其变化方式。

2）能量流动方向。

3）整定范围。

4）返回系数。

5）延时作用。

6）延时值。

1. 特性量的文字符号

特性量指测量继电器的特性，应采用标准的文字符号；类似的测量元件数量可包括在此符号内，如图 TYBZ00502001-6 所示是具有两个测量元件、整定范围从 5～10A 的过电流继电器。

特性量除了可用单独的文字符号表示外，可在文字符号旁加注，称为测量继电器的限定符号。部分常用测量继电器限定符号见表 TYBZ00502001-6。

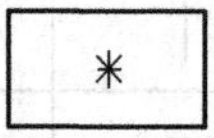

图 TYBZ00502001-5　测量继电器的一般表示形式

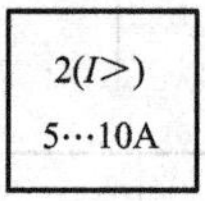

图 TYBZ00502001-6　过电流继电器

表 TYBZ00502001-6　　常用测量继电器的限定符号

序号	图形符号	说　明	序号	图形符号	说　明
07—16—02	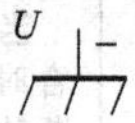	对机壳故障电压（故障时的机壳电位）	07—16—07	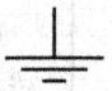	对地故障电流
07—16—03	U_{rsd}	剩余电压	07—16—08	I_N	中性线电流
07—16—04	$I\leftarrow$	反向电流	07—16—09	I_{N-N}	两个多相系统中性线之间的电流
07—16—05	I_d	差动电流	02—08—05		定时限延时特性
07—16—06	I_d/I	差动电流百分比	07—16—11		反时限延时特性

2. 测量继电器符号

表 TYBZ00502001-7 列出了部分常用测量继电器图形符号，详细符号可查阅国家标准 GB/T 4728.7—2008。

表 TYBZ00502001-7　　常用测量继电器图形符号

序号	图形符号	说　明	序号	图形符号	说　明
07—17—01	U=0	零电压继电器	07—17—04		延时过电流继电器
07—17—02	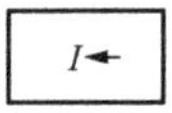	逆电流继电器	07—18—01		瓦斯保护器件
07—17—03	P<	欠功率继电器	07—18—02	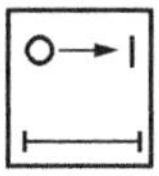	自动重闭合器件 自动重合闸继电器

四、保护器件图符

熔断器、间隙和避雷器是电力系统常见的保护器件，部分常用图形符号见表TYBZ00502001-8，详细符号可查阅国家标准 GB/T 4728.7—2008。

表 TYBZ00502001-8　　常用熔断器、间隙和避雷器图符

序号	图形符号	说　明	序号	图形符号	说　明
07—21—01		熔断器的一般符号	07—21—07		熔断器式开关
07—21—02		熔断器烧断后仍可使用，一端用粗线表示的熔断器	07—21—09		熔断器式符合开关
07—21—03	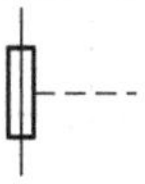	带机械连杆的熔断器（撞击式熔断器）	07—22—01		火花间隙
07—21—05	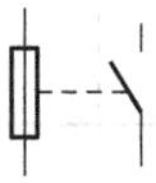	具有独立报警电路的熔断器	07—22—03		避雷器

【思考与练习】

1. 正确识读下图所示电力开关器件图符。

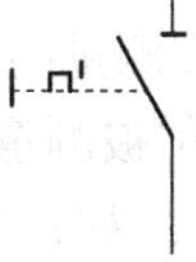

2. 正确识读下图所示测量继电器图符。

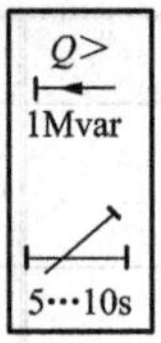

模块 2　测量仪表、灯、信号器件图形符号识别 (TYBZ00502002)

【模块描述】本模块介绍测量仪表、灯、信号器件图形符号，通过对常用指示、记录、积算等仪表和装置图例的介绍，能在图纸中正确识别以上图形符号。

【正文】

一、测量仪表图形符号识别

1. 测量仪表的通用符号

测量仪表主要分指示仪表、记录仪表和积算仪表，它们分别用圆形符号、方框符号和顶部有矩形的方框符号表示。

表 TYBZ00502002-1　指示、记录、积算仪表通用符号表

序号	图形符号	说　明	序号	图形符号	说　明
08—01—01	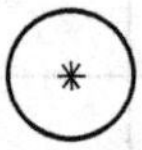	指示仪表	08—01—03	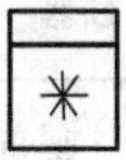	积算仪表
08—01—02		记录仪表			

2. 通用符号内星号（*）的内容

通用符号内的“*”与被测量有关，实际标注时用以下内容代替：

图 TYBZ00502002-1　电压表

（1）被测量单位的文字符号或倍数、约数。例如：图 TYBZ00502002-1 是单位为千伏的电压表。

（2）被测量的文字符号。在二次仪表图形符号框中，大多数采用被测量单位的文字符号，少数采用被测量的文字符号。如：图 TYBZ00502002-2 中圆框内加注

“cosφ”，表示该仪表测量功率因数。图 TYBZ00502002-3 中同时加注单位的文字符号“A”和被测量的文字符号“$I\sin\varphi$”，代表刻度单位为安培的电流表，反映无功功率电流。

图 TYBZ00502002-2 功率因数表

图 TYBZ00502002-3 无功电流表

（3）化学分子式。图 TYBZ00502002-4 符号为“NaCl”，表示为盐度计。

（4）图形符号。图 TYBZ00502002-5 中，指针符号表示为同步表。

图 TYBZ00502002-4 盐度计

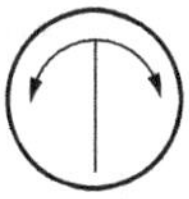

图 TYBZ00502002-5 同步表

值得注意的是以上这些符号或分子式一般都与仪表所显示的信息有关，而与这些信息的获取方法无关。在这些符号或分子式下面可以加注限定符号、其他文字符号等辅助信息。

3. 符号的组合

如仪表是能记录和积算几个量的组合仪表，可将相应的图符紧贴在一起，按水平或垂直排列绘制。如图 TYBZ00502002-6 所示是组合式记录功率和无功功率表。

4. 积算仪表顶部矩形框及其内容

顶部矩形框本身的含义是积算，框内可加注相关的内容提供附加的信息。如图 TYBZ00502002-7 中，加注了限定符号，表示仅测量单向传输能量的电能表。

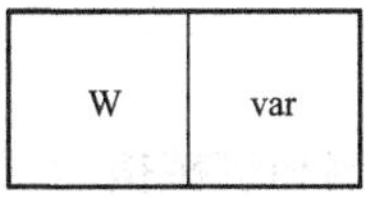

图 TYBZ00502002-6 组合式记录功率和无功功率表

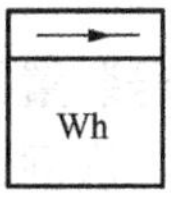

图 TYBZ00502002-7 仅测量单向传输能量的电能表

5. 常用测量仪表图符

部分常用指示仪表、记录仪表和积算仪表图形符号见表 TYBZ00502002-2，详细符号可查阅国家标准 GB/T 4728.8—2008《电气简图用图形符号 第 8 部分 测量仪表、灯和信号器件》。

模块2 TYBZ00502002

表 TYBZ00502002-2 常用测量仪表图形符号

序号	图形符号	说明	序号	图形符号	说明
08—02—02	A $I\sin\varphi$	无功电流表	08—03—03		录波器
08—02—04	var	无功功率表	08—04—02	Ah	安培小时表
08—02—05	$\cos\varphi$	功率因数表	08—04—08	Wh	复费率电能表（示出二费率）
08—02—06	φ	相位表	08—04—14	Wh P_{max}	带最大需量记录器电能表
08—02—07	Hz	频率计	08—04—15	varh	无功电能表

6. 计数器件图形符号

计数器主要用于事件计数，在电力系统中有断路器合闸次数计数、电动机启动次数计数等。表 TYBZ00502002-3 中图号 08—05—02 就是电磁操作的一般符号和计数功能限定图符 08—05—01 组合而成，表示脉冲计。

表 TYBZ00502002-3 计数器件图形符号

序号	图形符号	说明	序号	图形符号	说明
08—05—01	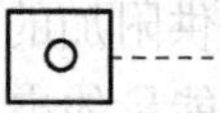	计数功能	08—05—02	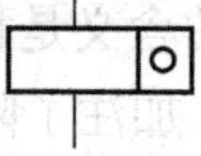	脉冲计（电动计数装置）

二、灯和信号装置图符

在电力系统二次回路中，信号形式有灯光、音响和机械指示三种，相应的信号器件为信号灯、音响器件和机电指示器三类。部分常见灯和信号装置图形符号见表 TYBZ00502002-4，详细符号可查阅国家标准 GB/T 4728.8—2008。

表 TYBZ00502002-4 灯和信号装置图形符号

序号	图形符号	说明	序号	图形符号	说明
08—06—01		灯的一般符号	08—06—02		闪光型信号灯

续表

序号	图形符号	说　明	序号	图形符号	说　明
08—06—05	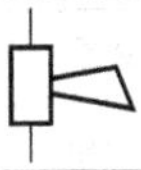	电喇叭	08—06—09		报警器
08—06—06		电铃	08—06—10		蜂鸣器

【思考与练习】

1. 指示仪表、记录仪表和积算仪表分别用什么图形符号表示？
2. 测量仪表通用符号内的符号或分子式与什么有关？

模块 3　电机类器件图形符号及识图（TYBZ00502003）

【模块描述】本模块介绍常用电机类器件图形符号。通过示例和说明描述，正确识读电机类器件图形符号。

【正文】

常用的电机类器件包括：发电机、电动机、变压器、消弧线圈、电压互感器和电流互感器等。

一、电机

常用的电机有发电机和电动机。针对发电机和电动机均具有转子和定子两部分的特点，图形符号也有两种形式：整体表示形式和转子定子独立表示形式。

1. 整体表示形式

整体表示形式用圆框符号表示，如图 TYBZ00502003–1 所示。圆框内的字母符号表示电机的类型，限定符号标注在字母符号的下面，表示电源的种类、相数和独立绕组数等，圆框外的短线表示定子绕组和转子绕组的引出线。图 TYBZ00502003–1 中无转子绕组引出线，表示三相笼型感应电动机。

2. 转子定子独立表示形式

转子定子独立表示时，除了圆框符号外，还标注了绕组等零部件，如图 TYBZ00502003–2 所示。部分常见的电机零部件图形符号见表 TYBZ00502003–1。

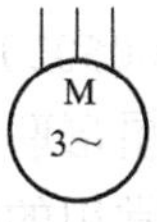

图 TYBZ00502003–1　三相笼型感应电动机

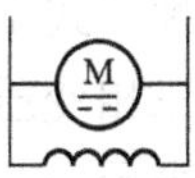

图 TYBZ00502003–2　直流并励电动机

表 TYBZ00502003-1　　电机零部件图形符号

序 号	图 形 符 号	说 明
06—03—01 06—01—02 06—01—03		换向绕组或补偿绕组 串励绕组 并励绕组或他励绕组
06—03—04		电刷

表 TYBZ00502003-2 是部分常用电机图形符号，详细符号可查阅国家标准 GB/T 4728.6—2000。

表 TYBZ00502003-2　　常 用 电 机 图 形 符 号

序号	图形符号	说 明	序号	图形符号	说 明
06—04—01		电机的一般符号： 符号内的“*”用下述字母之一代替： C 旋转变流机 G 发电机 GS 同步发电机 M 电动机 MG 能作为发电机或电动机使用的电机 MS 同步电动机	06—07—03		中性点引出的星形联结的三相同步发电机
06—04—02		直流电动机，一般符号	06—08—02	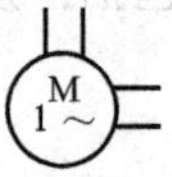	单相笼型有分相绕组引出端的感应电动机
06—05—01	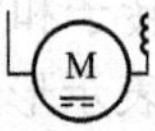	直流串励电动机	06—08—03		三相绕线转子感应电动机

二、变压器和电抗器

同类型变压器有两种符号形式：一种用圆框符号表，一般称为形式 1；另一种用绕组表示，一般称为形式 2。

1. 形式 1

形式 1 用一个圆表示每个绕组，多个圆相交成一个整体表示绕组间互相匝链磁通，圆框内的限定符号表示绕组在变压器内联结方式，圆框内、外添加的其他符号表示变压器的结构特点，圆框外的短线表示绕组的引出线。这种形式限于单线表示法时使用，这种形式不使用变压器磁心符号。如图 TYBZ00502003-3 所示为星形–三角形联结的三相变压器形式 1，圆框内的图符分别表示星形联结和三角形联结，圆框外的图符表示一、二次侧分别有 3 根导线接出。部分常用的绕组接线方式图形符号见表 TYBZ00502003–3，详细符号可查阅国家标准 GB/T 4728.6—2008《电气简图用图形符号　第 6 部分　电能的发生与转换》。

图 TYBZ00502003–3　星形–三角形联结的三相变压器形式 1

2. 形式 2

形式2采用3个以上的半圆串接成链表示每个绕组，不同的半圆数区分某些不同的绕组。采用形式2时也可不画磁心符号。如图 TYBZ00502003–4 所示是星形–三角形联结的三相变压器形式 2。当刻意突出磁心或采用特殊磁心时，才添加磁心符号。磁心用直线表示，当磁心有间隙时用中间断开的直线表示，如图 TYBZ00502003–5 所示。

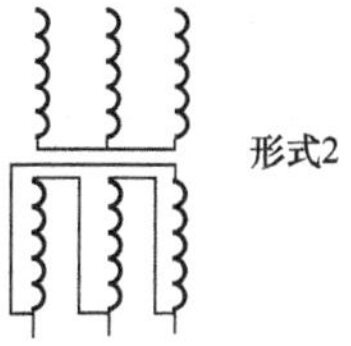

图 TYBZ00502003–4　星形–三角形联结的三相变压器形式 2

图 TYBZ00502003–5　磁心有间隙时图形符号的表示方法

表 TYBZ00502003–3　　绕组连接方式图形符号

序号	图形符号	说　明	序号	图形符号	说　明
06—01—01		一个绕组			
06—01—02		三个独立绕组	06—02—06		开口三角形联结的三相绕组
06—01—04	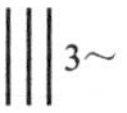	互不联结的三相绕组			
06—02—02		V 形（60℃）联结的三相绕组	06—02—07		星形联结的三相绕组
06—02—05		三角形联结的三相绕组	06—02—08		中性点引出的星形联结的三相绕组

3. 常用变压器和电抗器符号

部分常用变压器和电抗器的一般图形符号、具有独立绕组的变压器和自耦变压器图形符号分别见表 TYBZ00502003–4、表 TYBZ00502003–5 和表 TYBZ00502003–6，详细符号可查阅国家标准 GB/T 4728.6—2008。

表 TYBZ00502003-4 变压器和电抗器的一般图形符号

序 号	图 形 符 号	说 明
06—09—01	 形式1	双绕组变压器
06—09—02	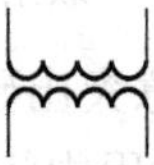 形式2	
06—09—03	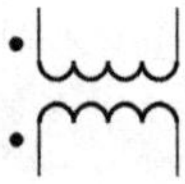 形式3	形式 3 是在形式 2 基础上示出瞬时电压极性
06—09—04	 形式1	三绕组变压器
06—09—05	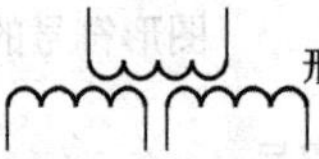 形式2	
06—09—06	 形式1	自耦变压器
06—09—07	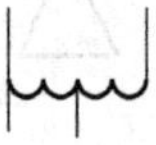 形式2	
06—09—08	 形式1	扼流圈
06—09—09	 形式2	电抗器
06—09—10	 形式1	电流互感器
06—09—11	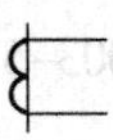 形式2	脉冲变压器

表 TYBZ00502003-5　　具有独立绕组的变压器图形符号

序　号	图　形　符　号	说　　明
06—10—01	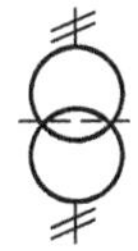 形式1	绕组间有屏蔽的双绕组单相变压器
06—10—02	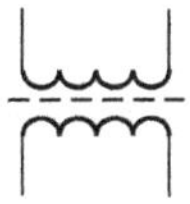 形式2	
06—10—03	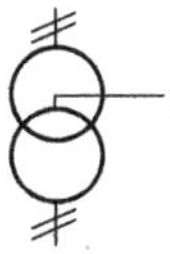 形式1	在一个绕组上有中心点抽头的变压器
06—10—04	 形式2	
06—10—05	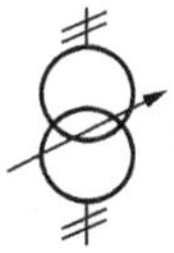 形式1	耦合可变的变压器
06—10—06	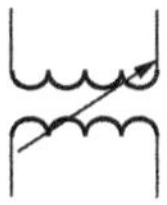 形式2	
06—10—07	 形式1	星形—三角形联结的三相变压器
06—10—08	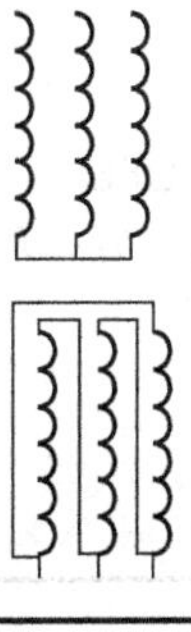 形式2	

续表

序号	图形符号	说明
06—10—09	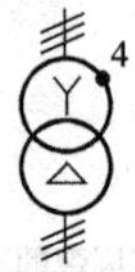 形式1	具有4个抽头的星形—星形联结的三相变压器
06—10—10	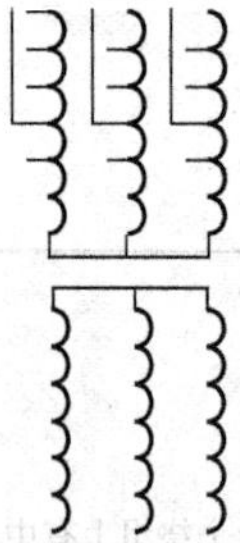 形式2	
06—10—13	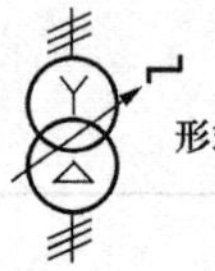 形式1	具有有载分接开关的三相变压器
06—10—14	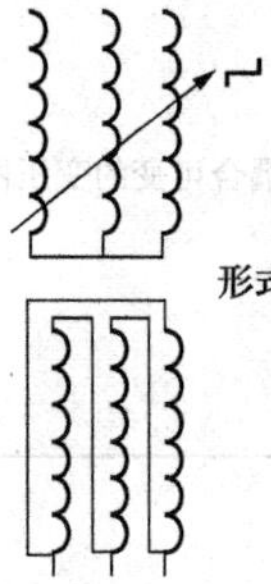 形式2	
06—10—17	 形式1	三相变压器 星形–星形–三角形联结
06—10—18	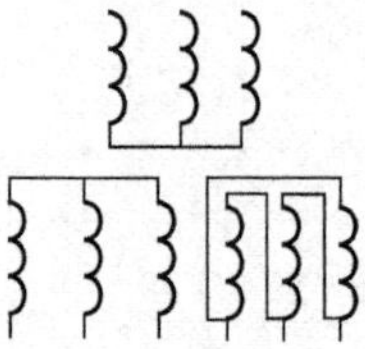 形式2	

表 TYBZ00502003-6　　　　自耦变压器图形符号

序　号	图 形 符 号	说　　明
06—11—01	 形式1	单相自耦变压器
06—10—02	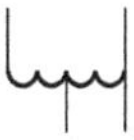 形式2	
06—11—03	 形式1	三相自耦变压器
06—11—04	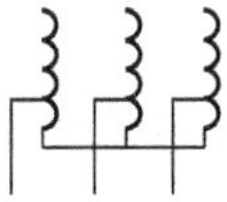 形式2	
06—11—05	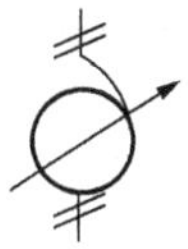 形式1	可调压的单相自耦变压器
06—11—06	 形式2	

三、互感器

互感器分为电压互感器和电流互感器，也有两种表示形式，表示形式与变压器类同。电压互感器在用形式 2 绕组独立表示时，绕组的半圆较少，一般为 2～3 个半圆。电流互感器用直线表示一次绕组。表 TYBZ00502003-7 是部分常用的互感器图形符号，详细符号可查阅国家标准 GB/T 4728.6—2008。

表 TYBZ00502003-7　　　　常用互感器图形符号

序　号	图 形 符 号	说　　明
06—13—01A	 形式1	电压互感器
06—13—01B	 形式2	

续表

序 号	图形符号	说 明
06—13—02	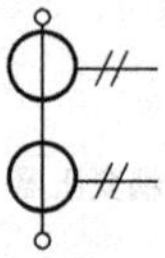 形式1	具有两个铁心，每个铁心有一个二次绕组的电流互感器
06—13—03	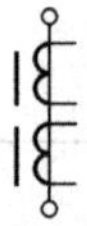 形式2	在一次电路每端示出端子符号表明只是一个器件。如果使用了端子代号，则端子符号可以省略
06—13—04	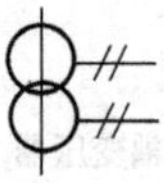 形式1	在一个铁心上具有两个二次绕组的电流互感器
06—13—05	 形式2	形式 2 的铁心符号必须画出
06—13—06	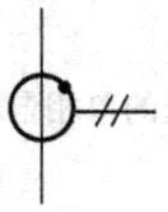 形式1	一个二次绕组带一个抽头的电流互感器
06—13—07	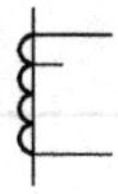 形式2	

【思考与练习】

1. 请分析下图中变压器的不同。

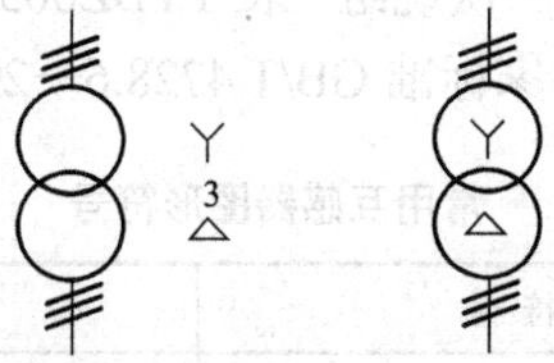

2. 请分析下图中的铁心符号可否省略。

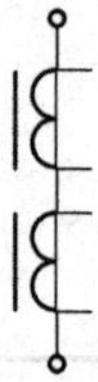

模块 4　原理接线图（TYBZ00502004）

【模块描述】本模块介绍原理接线图的绘制，通过典型图例，分析原理接线图的作用、特点和绘制要求，掌握原理接线图的识读。

【正文】

一、原理接线图的概念

二次接线的原理接线图是用来表示二次接线中各二次设备元件的电气连接及其工作原理的电气回路图。

二、原理接线图的特点和绘制要求

（1）原理接线图把二次接线和一次接线的相关部分画在一起，且电气元件以整体的形式表示（线圈与触点画在一起）。

（2）原理接线图一般用统一的标准图形和文字符号表示，按动作顺序画出，便于分析整套装置的动作原理。

（3）同一设备在两张图内表示时，应在一张图内表示设备的所有线圈及接点，并注明不在本图中的接点用途，在另一图中表示接点来源。

（4）对有方向性的设备应标注极性。

（5）原理接线图的缺点是不能表明元件的内部接线、端子标号及导线连接方法等，因此不能作为施工图纸。

三、识读方法

原理接线图必须根据其特点进行识读。原理接线图以电气元件整体形式表示，能表明各二次设备的构成、数量及电气连接情况，图形直观形象，便于理解。但对于复杂的接线方式，以整体形式表示较为困难，且回路不清晰。在原理接线图中主电路和辅助电路、交流回路和直流回路、控制回路和信号回路交错在一起。因此识读原理接线图关键是看清回路，而看清回路必须找准电源。

图 TYBZ00502004–1 为 6～10kV 线路定时限过电流保护原理接线图。图中 QF 是断路器、KT 是时间继电器、KS 是信号继电器、KM 是中间继电器、YT 是跳闸线圈。一次设备由母线、隔离开关 QS、断路器 QF 和电流互感器 TA1 组成，电流互感器为不完全星形联结。二次回路由电流继电器 KA1、KA2，时间继电器 KT，保护出口继电器 KM，信号继电器 KS，连接片 XB 组成。电路原理分析如下：

1. 找清回路

（1）交流回路：TA1 的 A 相经 KA1、TA1 的 C 相经 KA2，是电流继电器线圈启动回路。

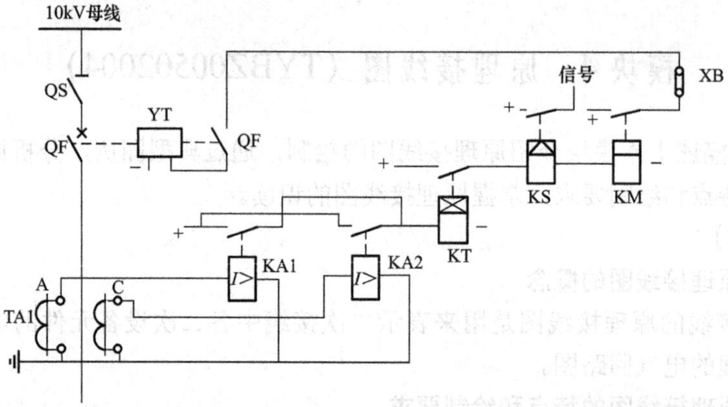

图 TYBZ00502004-1 6～10kV 线路定时限过电流保护原理接线图

（2）直流回路：直流正电源经并联的 KA1、KA2 动合触点、KT 线圈至负电源，是时间继电器启动回路；直流正电源经 KT 的触点、KS 的线圈、KM 的线圈至负电源，是保护出口继电器和信号继电器启动回路；直流正电源经 KS 的触点至信号装置，启动信号；直流正电源经 KM 的触点、XB、QF 触点、YT 线圈至负电源，跳闸回路。

2. 按照电流流向顺序分析

L1、L2 相间短路时，一次侧通过短路电流。当 TA1 二次电流大于 KA1 的整定值时，KA1 动合触点闭合，启动 KT，KT 延时动合触点闭合，启动 KM，YT 跳闸线圈动作，使断路器跳闸。

由图 TYBZ00502004–1 可见，原理接线图对一次接线仅将与二次接线直接有关的部分，如电流互感器，以三线图的形式表示，其余以单线图的形式表示。二次接线部分应表示出交流回路的全部，直流回路的电源可只标出正、负两极。所有电气设备都采用国家统一规定的相应的图形符号表示。它们之间的联系应按照实际的连接顺序画出。

原理接线图表明二次设备的工作原理和装置构成，可作为二次接线设计的原始依据。由于原理接线图没有标明具体的接线端子和回路编号，直流部分仅标出电源的极性，因此不能直接用于施工。在现场工作中广泛应用展开接线图，因此现场常把展开接线图直接称为原理接线图。

【思考与练习】

1. 原理接线图有何特点？
2. 原理接线图为何不能用于施工？

模块 5 展开接线图（TYBZ00502005）

【模块描述】本模块介绍展开接线图的绘制，通过典型图例，分析展开接线图的作用、特点和绘制要求，掌握展开接线图的识读。

【正文】

一、展开接线图的概念

展开接线图是将二次设备按其线圈和触点的接线回路展开分别画出，组成多个独立回路，是安装、调试和检修的重要技术图纸，也是绘制安装接线图的主要依据。展开接线图是根据原理接线图绘制的。

二、展开接线图的特点和绘制要求

（1）按不同电源回路划分成多个独立回路。例如：交流回路，又分电流回路和电压回路，都是按 A、B、C、N 相序分行排列的；直流回路，又分控制回路、合闸回路、测量回路、保护回路和信号回路等；在这些回路中，各继电器（装置）的动作顺序是自上而下、自左至右排列的。

（2）展开图一般以“行”的形式表达。在图的右侧对应位置，以文字说明该回路的用途。

（3）各导线、端子一般都有统一的回路标号，便于分类查线、施工和维修。

（4）元件符号采用分开表示法表示。

（5）展开接线图中的接点应表示不带电状态时的位置。

三、展开图中的回路标号

由于二次回路标号有利于设计、施工、检修，我国电力行业标准 DL/T 5136—2001《火力发电厂、变电所二次接线设计技术规程》对二次回路的标号进行了规定。但根据 IEC 的精神，二次回路的文字标号并不必需和统一。因此，在涉外工程中，可能出现不标号或标号不统一情况。

展开图中，一般只对引至端子排的回路标号。在电气回路中交于一点的全部导线都用同一标号。标号采用回路标识加序号表示。回路标识见表 TYBZ00502005-1。序号起区别作用，如直流回路常用序号：正极导线为 01；负极导线为 02；合闸导线为 03；跳闸导线为 33。详细回路标号可查阅 DL/T 5136—2001。

表 TYBZ00502005-1　　常用导线的回路标识

序号	回路名称	标识	序号	回路名称	标识
1	保护用直流	0	8	发电机调速回路	99
2	–Q1～–Q4 的控制用直流	1～4	9	其他回路	9
3	励磁回路	6	10	交流回路	A、B、C、N（L、Sc）
4	信号回路	7	11	交流电压回路	A6、A7、…
5	断路器遥信回路	80	12	交流电流回路（测量、保护）	A1、A2、…
6	断路器机构回路	87	13	交流母差电流回路	A3、…
7	隔离开关闭锁回路	88			

模块5　TYBZ00502005

图 TYBZ00502005-1 是 10kV 线路过电流保护展开接线图。图右侧为与二次接线有关的一次接线图，左边为保护回路展开图。交流电流回路、直流电流回路和信号回路分开绘制，各回路分“行”表示，各“行”右侧加文字说明。图中继电器用分开表示法表示，如电流继电器 KA1 线圈在交流回路，触点在直流回路。图中回路标号“A411”、“C411”、“N411”为保护装置电流回路 A 相、C 相和中性线。

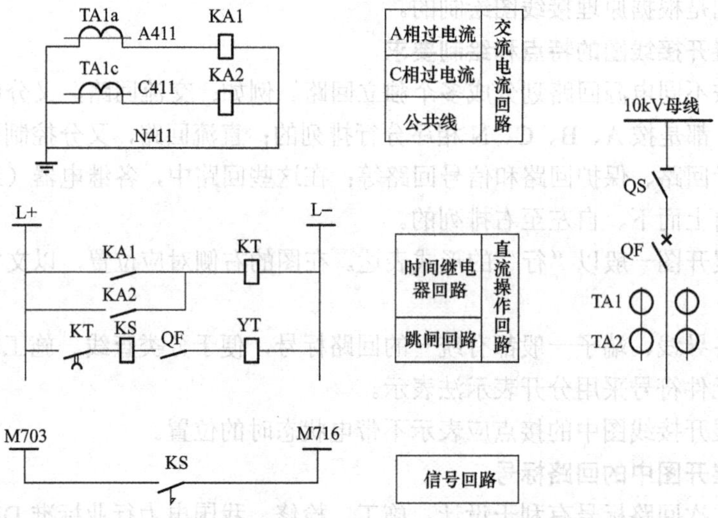

图 TYBZ00502005-1　10kV 线路过电流保护展开接线图

四、识读方法

展开接线图必须根据其特点进行识读。识读时可参照原理接线图对展开图从左向右、自上而下分析。

（1）弄清楚图中元件的工作原理和工作方式。

（2）按“行”逐回路顺序读通，有时性质不同的回路交错画在一起，要跳过无关的回路，把与这个回路有联系的所有回路都找到，一起分析。

（3）展开接线图以电气元件分开表示法表示，因此要先找继电器线圈的启动回路，然后找全该继电器的触点回路。

下面分析图 TYBZ00502005-1 的工作原理：

（1）交流回路。电流互感器 TA1 的二次绕组为该回路的电源，在 A、C 相各接入一只电流继电器线圈 KA1、KA2，由中性线 N411 连成交流回路，构成不完全星形接线。

（2）直流回路。电流继电器的动合触点 KA1、KA2 并联启动时间继电器 KT 的线圈。第二行为断路器跳闸回路。信号回路 M703、M716 为“掉牌未复归”光字牌小母线。

（3）整套保护装置动作分析。当线路发生短路时，电流互感器 TA1 的一次侧有短路电流流过，其二次绕组流过相应电流 I_2，电流继电器 KA1 或 KA2 动作。在直流回路中，短路相电流继电器 KA1 或 KA2 的动合触点闭合，接通时间继电器回路 KT 的线圈回路，KT 延时闭合的动合触点经一定时限后闭合，接通断路器跳闸回路（断路器动合辅助触点在断路器 QF 合闸时是闭合的），断路器跳闸线圈 YT 和信号继电器 KS 线圈中有电流流过，使断路器跳闸，切断故障线路，同时信号继电器 KS 动作发出信号并掉牌。在信号回路中的带自保持的动合触点闭合，光字牌点亮，显示“掉牌未复归”灯光信号。

展开接线图接线关系清晰，动作顺序层次分明，便于读图和分析。

【思考与练习】

1. 展开接线图有何特点？

2. 回路标号有什么要求？

模块 6　安装接线图（TYBZ00502006）

【模块描述】本模块介绍安装接线图的绘制。通过典型图例，分析安装接线图的作用、特点和绘制要求，掌握屏面布置图、屏背面接线图和端子排图的识读。

【正文】

安装接线图是控制、保护屏等生产加工和现场安装施工用的图纸。安装接线图根据展开接线图绘制。安装接线图包括屏面布置图、屏背面接线图和端子排图。安装接线图中各种设备、仪表、继电器、开关、指示灯等元器件及连接导线，都是按照它们的实际位置和连接关系绘制的，为了施工和运行检修的方便，设备的端子和连线按“相对编号法”的原则标注。安装接线图最具体、最详细，是运行、试验、检修的主要参考图纸，是按图施工的工程图。

一、屏面布置图

屏面布置图是指从屏的正面看将各安装设备和仪表的实际安装位置按比例画出的正视图，它是屏背面接线图的依据，如图 TYBZ00502006–1 所示。屏面布置图有以下特点：

（1）屏面布置的项目通常用实线绘制的正方形、长方形、圆形等框型符号或简化外形符号表示。

（2）符号的大小及间距尽可能按比例绘制，但某些较小的符号允许适当放大绘制。

（3）屏面上的各种二次设备，通常是从上而下依次布置指示仪表、继电器、信号灯、光字牌、按钮、控制开关和必要的模拟线路。

（4）图上有设备清单表详细标注屏上所有二次设备的规格、型号、数量等。

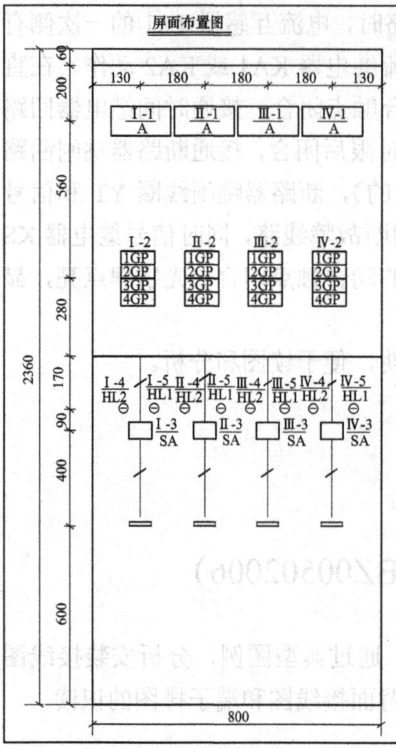

单元	名 称	TA变比
Ⅰ	10kV新增1线	100/5
Ⅱ	10kV新增2线	150/5
Ⅲ	备 用	
Ⅳ	备 用	

序号	符 号	名 称	型 号 及 规 格	数量	备 注
11		位置指示器	手动	1	
10		标签框	PH-30	1	
9	R1	电阻	ZG11-50-1k	1	
8	FU1~FU3	熔断器	RL1-15/6	1	
7	Q1	闸刀	HK1-15/3	1	
6	Q2、Q3	闸刀	HD10-40/1	1	
5	SA	控制开关	LW2-Z-1a.4.6a.40.20/F8	1	
4	HL1	红灯	XJD-22/41(B) 220V	1	
3	HL2	绿灯	XJD-22/41(B) 220V	1	
2	1GP~4GP	光字牌	XJD-1A 220V	4	
1	PA	电流表	16L1-A 新增1：100/5；新增2：150/5		
安装在每一单位上的设备					

图 TYBZ00502006–1 屏面布置图

二、屏背面接线图

屏背面接线图是表示屏内设备之间、设备与端子以及端子与端子之间连接关系的图。屏背面接线图的视图方向是从背面向正面。屏背面接线图是以屏面布置图和展开接线图为依据绘制的接线图。屏背面接线图一般由制造厂绘制，并随产品一起提供给订货单位。

1. 屏背面接线图的布置

屏背面接线图的布置有其特点和相关要求：

（1）屏背面看不见的正面安装设备用虚线表示。

（2）屏背面布置图中各设备图形的上方用圆圈符号标号。圆圈上半部分标安装设备及序号，下半圆圈标设备的文字符号，圆圈下标设备规格型号，如图TYBZ00502006–2所示。

2. 相对编号法

由于二次设备很多、很复杂，实际工作中普遍采用相对编号法表示设备之间的相互连线。相对编号法就是导线连接的两个端子旁都标注对侧的端子编号。根据图纸，屏上每个设备的任一端子都能找到与其连接的对象。如某一端子旁没有标号，

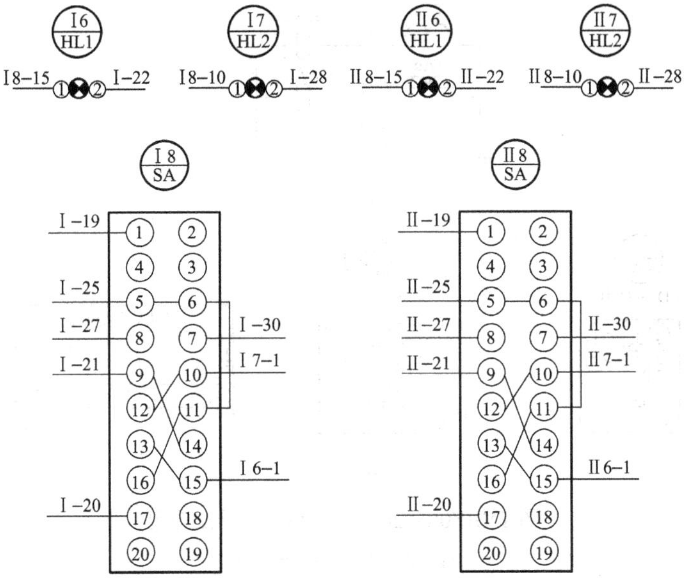

图 TYBZ00502006–2　屏背面接线图中设备的标示

说明该端子是空的；如果某一端子旁标有两个标号，就说明该端子有两条连线，有两个连接对象。如图 TYBZ00502006–2 中Ⅰ6–1 端子旁标注Ⅰ8–15，Ⅰ8–15 端子旁标注Ⅰ6–1，表示用导线把Ⅰ6–1 端子和Ⅰ8–15 端子直接相连。

图 TYBZ00502006–3 中（a）为展开接线图，（b）为与（a）对应的背视图和端子排图。图 TYBZ00502006–3（b）中继电器 KA1 和 KA2 的设备编号为Ⅰ1 和Ⅰ2。背视图中有继电器 KA1 和 KA2 的内部接线和端子号。端子排的最上一格中标出了安装单位编号“Ⅰ”和安装单位名称“10kV 线路保护”。从电流互感器 TA 引来的三根电缆芯接端子排 1–3 号端子外侧。在端子排的外侧分别标上了回路编号 A411、C411、N411 以及电流互感器的字符号。在端子排的 1 号端子内侧标Ⅰ1–2，表示接 KA1 的端子 2。其余类同。

对于不经过端子排直接接至小母线的设备，如熔断器、小刀闸、电阻等，可在该设备的端子上直接写上小母线的符号，而从小母线上画出引下线，在旁边标注所连接的符号，如图 TYBZ00502006–4 所示。

三、端子排图

端子排图是指端子排与屏内设备、屏外设备连接关系的图。端子排图的视图方向是从背面向正面。端子排图需表明端子类型、数量以及排列顺序。

1. 端子排布置

端子排装有多个端子。电气装置或设备中的端子排通常是按安装单位分别设置的。端子排的排列方法，一般应遵守以下规则：

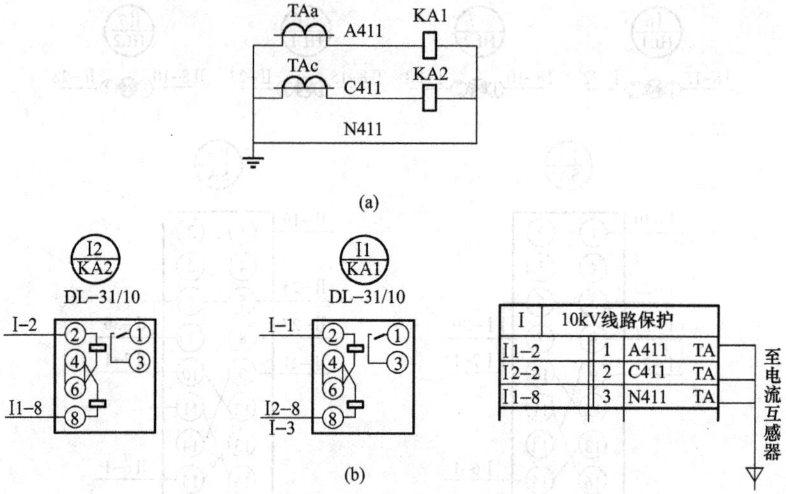

图 TYBZ00502006–3　相对编号法应用

（a）展开图；（b）安装图

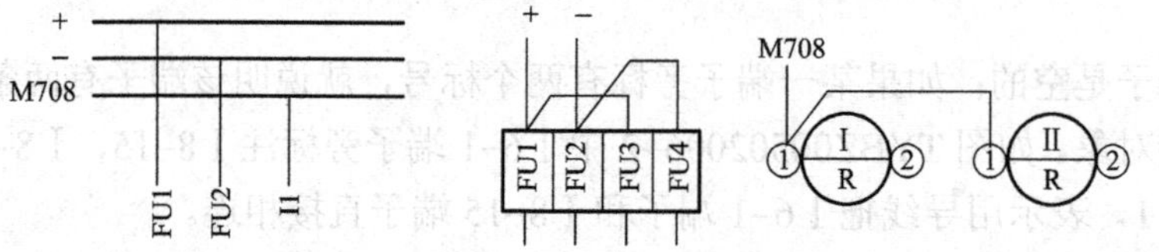

图 TYBZ00502006–4　直接接至小母线设备的标示

（1）屏内与屏外二次回路的连接、屏内各安装单位之间的连接和转接均应经过端子排。

（2）电流回路应经过试验端子。预告及事故信号回路和其他须断开的回路，一般经过特殊端子或试验端子。

（3）端子排配置应满足运行、检修、调试的要求，并尽可能与屏上设备的位置对应。每个安装单位应有其独立的端子排，并按交流电流回路、交流电压回路、信号回路、控制回路、其他回路顺序排列。同一屏上有几个安装单位时，各安装单位端子排的排列应与屏面布置相配合。

（4）每个安装单位的端子排应编号，尽可能在最后留 2～5 个端子备用。条件许可，各组端子之间宜留 1～2 个端子备用。在端子排两端应留有终端端子。

（5）正负电源之间的端子排，以及经常带电的正电源与合闸或跳闸回路之间的端子排，一般以一个空端子隔开。

端子排及端子型式标注如图 TYBZ00502006–5 所示。

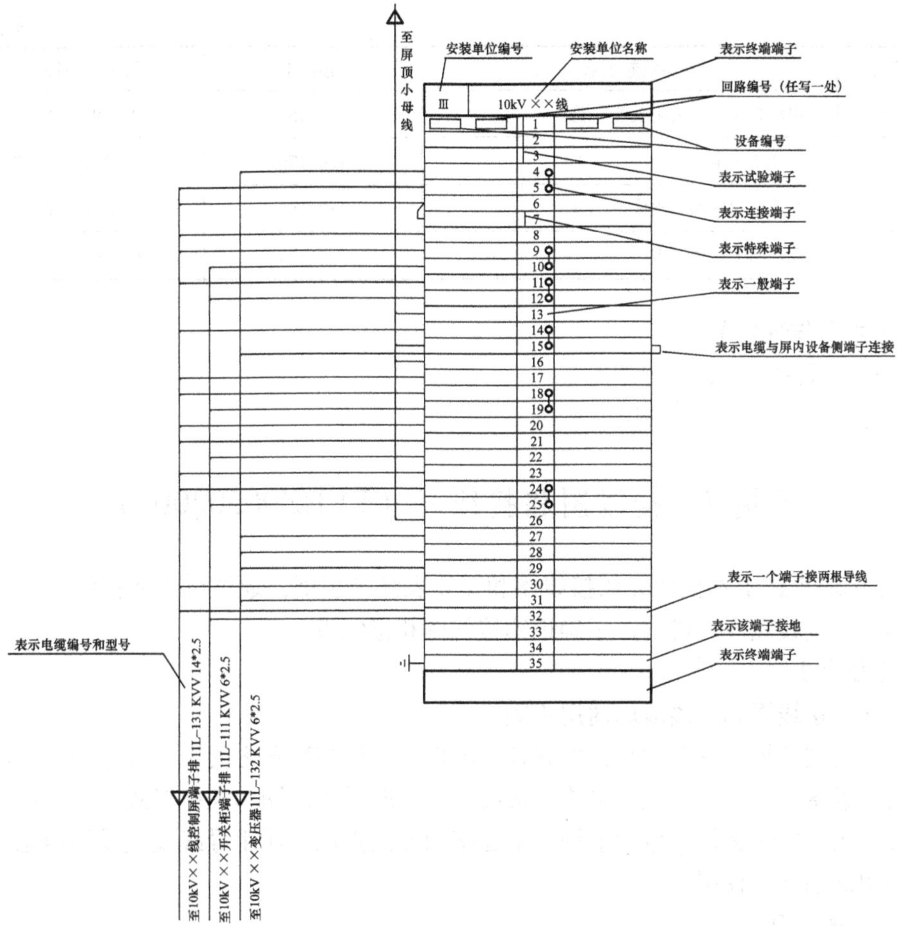

图 TYBZ00502006–5　端子排表示方法

2. 电缆编号

为区分不同电缆，对电缆进行编号。如图 TYBZ00502006–5 中 131。电缆数字编号方法见表 TYBZ00502006–1。数字编号由百位数字组成，以不同的途径分组，但数字不够用时，可将百位数改为 2 或 3。表中编号是针对每个安装单位，不是指全所电缆。

表 TYBZ00502006–1　　　电缆数字标号组

序号	电缆起止点	电缆号	可增加电缆号
1	主控制室到各处电缆	100–129	200–229，300–329
2	主控制室内屏间联系电缆	130–149	230–249，330–349

续表

序号	电缆起止点	电缆号	可增加电缆号
3	电动机及厂用配电装置电缆	150–159	250–259，350–359
4	出线小室电缆	160–179	260–279，360–379
5	配电装置内联系电缆	180–189	280–289，380–389
6	变压器处联系电缆	190–199	290–299，390–399

【思考与练习】

1. 什么是相对编号法？
2. 端子排排列有何规则？

模块 7　接线图和接线表（TYBZ00502007）

【模块描述】本模块介绍接线图和接线表绘制规则。通过对单元接线、互连接线和端子接线图表的讲解，正确识读接线图和接线表。

【正文】

一、接线图和接线表的通用规则

接线文件提供各个项目，如元件、器件、组件和装置之间实际连接的信息，主要用于设备的装配、安装和维修。接线文件一般采用简图和表格形式，称为接线图和接线表。接线文件中包含了每一个连接的连接点以及所用导线或电缆的信息，通常与电路图一同使用。

1. 接线图

接线图主要由元件、端子和连接线组成。

接线图按照元件的实际相对位置布局，但不必按比例绘制。元件采用简单的轮廓表示，如正方形、矩形、圆形等。也可采用国家标准的电气简图符号。只要端子能够清楚表达，不需要标示端子符号，仅用端子号表示。

端子间连接的导线、电缆、导线组、电缆束一般用单线表示。当单元或装置有多个导线组、电缆、电缆束时，应标注代号使彼此区分。如图 TYBZ00502007–1 为某一单元接线图，标号为 40 的导线连接–K12：6 端子和–K13：1 端子。

2. 接线表

（1）接线表的格式。接线表有两种格式，一种以端子为主，一种以连接线为主。

以端子为主的格式中，要按照元件和端子依次排列。如图 TYBZ00502007–2 所示为项目代号–X1 的端子接线表。

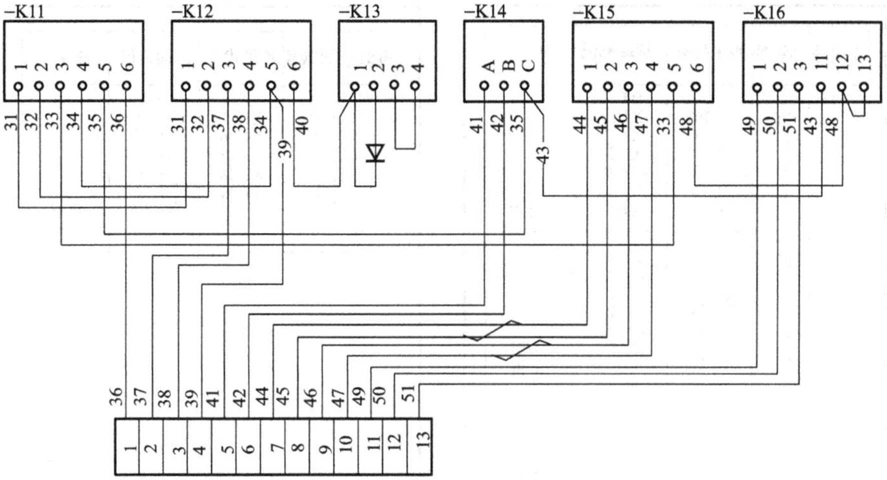

图 TYBZ00502007-1　单元接线图

项目代号	端子代号	电缆号	芯线号
-X1	:11	-W136	1
	:12	-W137	1
	:13	-W137	2
	:14	-W137	3
	:15	-W137	4
	:16	-W137	5
	:17	-W136	2
	:18	-W136	3
	:19	-W136	4
	:20	-W136	5
	:PE	-W136	PE
	:PE	-W137	PE
	备用	-W137	6

+A4

345778

图 TYBZ00502007-2　以端子为主的端子接线表

以连接线为主的格式中，要按连接线依次排列，同一电缆的芯线排在一起。如图 TYBZ00502007-3 所示。

（2）接线表的表示方法。在接线表中元件用项目代号表示，端子用标示在元件上的端子代号表示。如果生产厂没有给元件端子标示代号，可任意设定，但必须统一，即同一端子在接线文件中使用相同的代号。

电缆号	芯线号	端子代号	远端标记	备注
−W136			+B4	
	PE	−X1:PE	−X1:PE	
	1	−X1:11	−X1:33	
	2	−X1:17	−X1:34	
	3	−X1:18	−X1:35	
	4	−X1:19	−X1:36	
	5	−X1:20	−X1:37	备用
−W137			+B5	
	PE	−X1:PE	−X1:PE	
	1	−X1:12	−X1:26	
	2	−X1:13	−X1:27	
	3	−X1:14	−X1:28	
	4	−X1:15	−X1:29	
	5	−X1:16	−	备用
	6	−	−	备用

234567

电缆号	芯线号	端子代号	远端标记	备注
−W137			+A4	
	PE	−X1:PE	−X1:PE	
	1	−X1:26	−X1:12	
	2	−X1:27	−X1:13	
	3	−X1:28	−X1:14	
	4	−X1:29	−X1:15	
	5	−	−X1:16	备用
	6	−	−	备用

+B5
234567

图 TYBZ00502007–3　以连接线为主的两个端子接线表

二、单元接线图和单元接线表

单元接线图和接线表提供一个单元或单元组内部连接所需的全部信息。一般不包括单元外部连接的信息，有时也提供单元互连的检索标记。端子排列与实际元件相同。当元件叠装几层时，为了便于识图，常用翻转、旋转或移开的方法表示，并加注说明。如图 TYBZ00502007–1 所示的单元接线图，图中–K11、–K12、–K13 等为单元内部元件。

三、互连接线图和接线表

互连接线图和互连接线表提供不同结构单元之间的连接信息。图 TYBZ00502007–4 为单线法表示的互连接线图，图中+A、+B、+C 表示三个不同的单元。

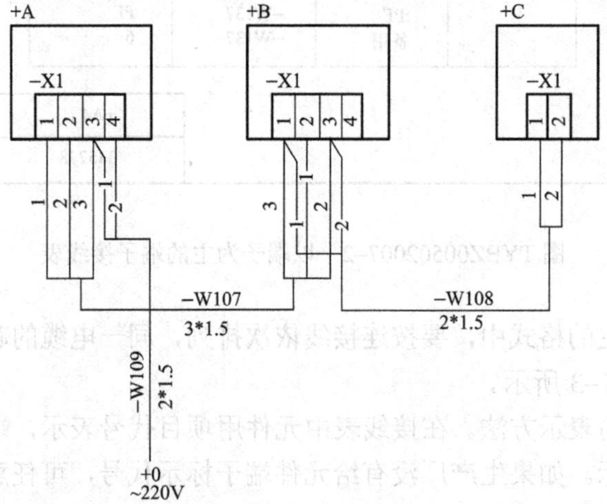

图 TYBZ00502007–4　单线法表示的互连接线图

【思考与练习】

1. 以端子为主接线表和以连接线为主接线表有何区别？

2. 接线文件有哪几种形式？它的作用是什么？

模块 8　功能表图（TYBZ00502008）

【模块描述】本模块介绍功能表图的基本概念，通过对步、转换的讲解，正确识读功能表图。

【正文】

一、功能表图的基本概念

要了解一个过程控制系统的详细情况，仅用文字很难准确地描述复杂的、包括在几种可能的顺序与并行的动作间进行选择的控制动作。通常，图示法较容易理解，但也很难找到适用于表示每一种功能的图形符号。因此，一般采用图形符号与文字叙述相结合的表示方法。

我们把过程循环分解为若干清晰的连续的步（稳定状态），步与步之间以转换分隔。我们把这种文字与图形相结合的，用步和转换描述控制系统功能和状态的表图称为功能表图。

二、步

步表示控制系统的一个不变行为的特征，用于描述控制系统、施控系统和被控系统的各种稳定状态。步用正方形符号表示，如图 TYBZ00502008–1 所示，图中“*”号一般用数字表示。

1. 活动步和初始步

在某个给定的时刻，一个步可以是活动的或非活动的。当一个步是活动的时候，发出相关命令或执行相关的动作。当步处于活动状态时，可在该步符号中加一圆点表示，如图 TYBZ00502008–2 所示。

控制过程开始阶段与初始状态相对应的活动步称为“初始步”，如图 TYBZ00502008–3 表示。

图 TYBZ00502008–1　步的一般图形符号

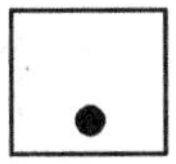

图 TYBZ00502008–2　活动步图形符号

图 TYBZ00502008–3　初始步图形符号

2. 与步相关的动作（命令）

在控制系统中命令通常产生动作，动作可以导致稳定状态。动作用矩形框中的文字或符号语句说明，该矩形框与其相关的步符号相连，如图 TYBZ00502008-4 所示。

三、转换

为了描述沿着有向连线所发生的活动状态的逐步进展，采用转换这一概念。转换用加在所涉及的步符号之间与有向连线垂直的短划线表示，如图 TYBZ00502008-5 所示。

图 TYBZ00502008-4 与步相连的公共命令或动作符号

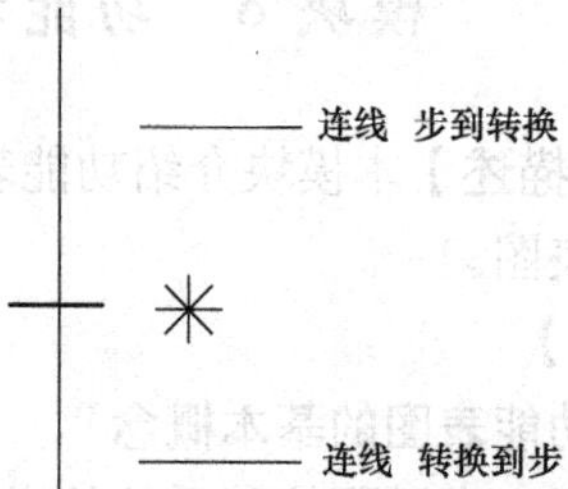

图 TYBZ00502008-5 常有连线及转换条件的转换符号

图中“*”为转换条件，用文字、布尔表达式或用图形表示，如图 TYBZ00502008-6 所示。

四、功能表图示例

图 TYBZ00502008-7 为高压绕线转子感应电动机操作过程的简单功能表图。图中“1”为初始步，“2”的动作为“启动过程”，“3”到“4”的转换条件为“停止命令”。

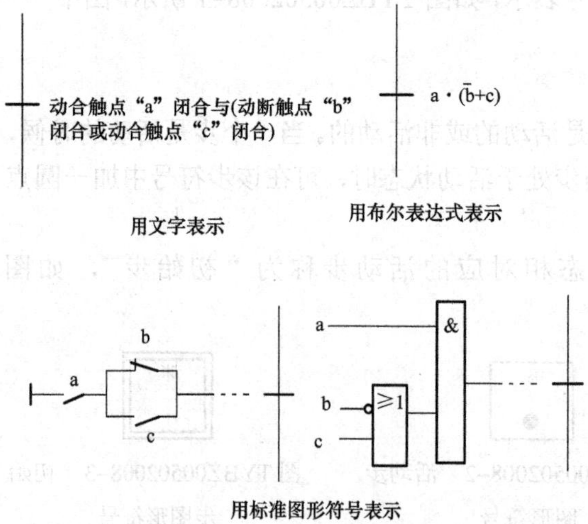

图 TYBZ00502008-6 用不同形式表达的转换条件

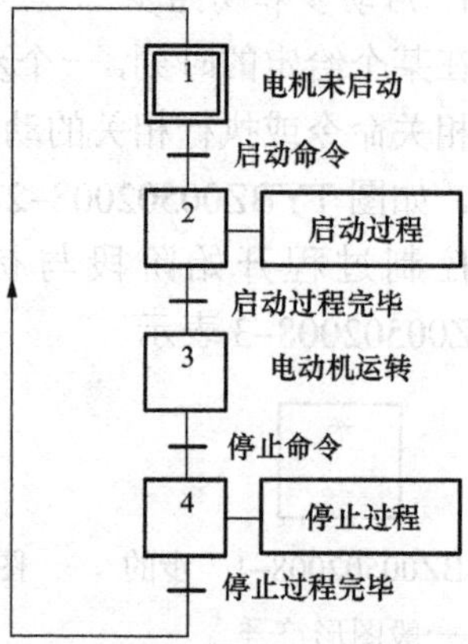

图 TYBZ00502008-7 高压绕线转子感应电动机操作过程的简单功能表图

【思考与练习】

1. 什么是功能表图？

2. 什么是步？它用什么符号表示？

模块 9 概略图（TYBZ00502009）

【模块描述】本模块介绍概略图。通过知识讲解和图形举例，正确识读概略图。

【正文】

一、概略图的概念

采用单线、方框符号表示法，表示系统、分系统、装置、部件、设备、软件中各项目之间的主要关系和连接的相对简单的简图，称为概略图。一般把采用单线法表示多线系统或多相系统的概略图称为系统图；主要采用方框符号的称为框图，框图着重于表示功能而不是硬件设备。因此系统图和框图在原则上没有区别。概略图、功能图和电路图统称为功能性简图。

二、概略图的主要用途

概略图的用途主要有以下几点：

（1）概略的表示系统、分系统、装置、部件、设备、软件的总体关系和主要工作流程。

（2）为进一步编制详细的技术文件提供依据。

（3）作为设计、操作、安装和维修的参考文件。

三、概略图的布局

非电过程控制系统的概略图应以该过程的流程图为依据。

电气系统的概略图布局要充分体现相互关系、前后顺序和主要技术特征：

（1）布局应合理、清晰、均衡，有利于识别过程和信息流向。

（2）一般采用功能布局法，即根据功能关系布置，可适当补充位置信息。当位置信息对理解功能很重要时，也可采用位置布局法。

（3）以从左到右、从上到下顺序布置，主电路在上，辅助电路在下。

（4）可以在功能或结构的不同层次上绘制：较高的层次描述总系统，表达对象概略；较低的层次描述系统中的分系统，表达对象较为详细。上一层次的概略图应包含较低层次文件的标记，如图 TYBZ00502009–1 所示。

四、概略图的绘制要求

概略图应按照国家标准的规定标注项目代号。系统图和框图在绘制要求上有各自特点。

1. 系统图

系统图用单线法表示，在许多情况下，使用一般的或简化的图形符号。对于需要详细研究的概略图，可添加其他辅助符号。如图 TYBZ00502009–1 所示为配电系统概略图。图中每个虚框都表示一个分系统，标有项目代号。如=WL1 为 1 号进线分系统，=T1 为 1 号主变压器分系统，=WB1 为 10kV I 段母线分系统，可查阅相应的分系统文件得到更详细的说明。图 TYBZ00502009–1 中变压器增加了表示绕组连接方法的限定符号，其余采用简化形式的图形符号。

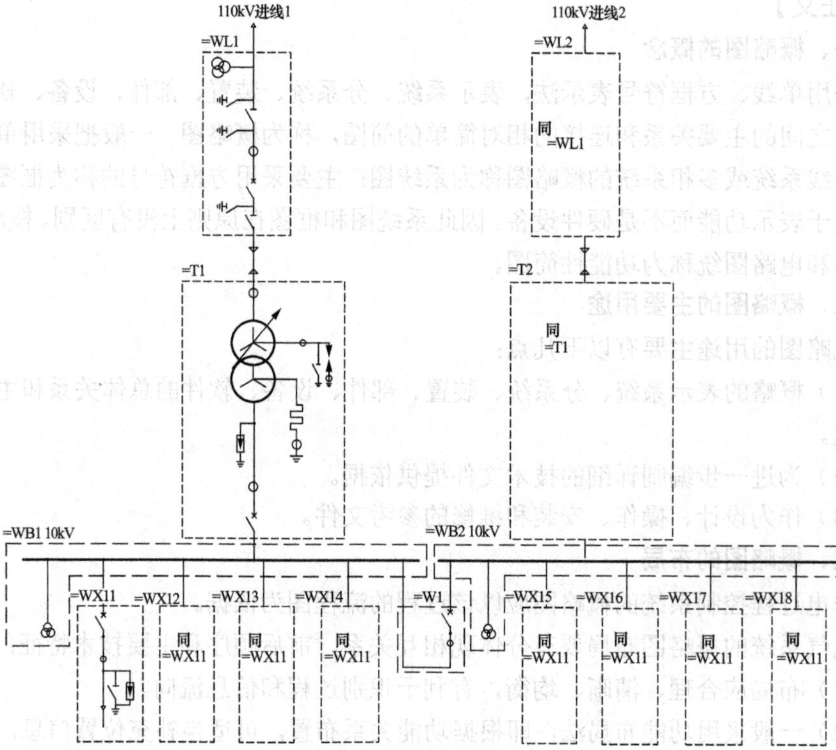

图 TYBZ00502009–1 配电系统概略图

2. 框图

（1）框形符号一般采用矩形框，长宽比常用 1:1、2:1、3:2、5:3 等，用实线绘制，框内注释可用文字和符号，框的大小可根据表达内容、图幅而定。

（2）框与框、框与图形符号之间的连接用单实线，机械连接用虚线。连线交叉和转折应成直角。

（3）一般在连接线上加箭头符号表示信息流向。当无箭头时，信息流向为从左到右、从上到下。

图 TYBZ00502009-2 是内桥断路器备自投逻辑框图。

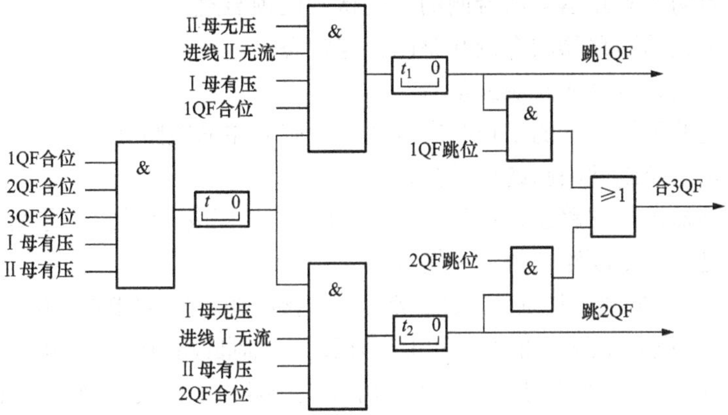

图 TYBZ00502009-2　内桥断路器备自投逻辑框图

概略图主要表示的是所需描述的系统、分系统、成套装置、设备等整体概貌。并示出内部主要功能件、部件之间的主要关系，通过简化、精炼的图形使人能够方便、快速地领会和把握整体和本质的要求。概略图可作为教学、训练、操作和维修的基础文件。概略图也可用作进一步设计工作的依据，如在概略图基础上编制功能图或电路图。

【思考与练习】

1. 电气系统的概略图布局一般采用什么布局法？
2. 概略图的主要用途有哪些？

模块10　控制回路图（TYBZ00502010）

【模块描述】本模块介绍断路器控制回路图的内容。通过图例对断路器的合闸、分闸和辅助回路进行分析讲解，正确识读控制回路图。

【正文】

在电力系统中，控制对象主要有断路器、隔离开关、分接开关等设备。断路器是最重要、最常见的控制对象。

一、识读断路器控制回路图的基本要求

识读断路器的控制回路图，必须清楚断路器控制回路相关元器件的工作原理、用途和工作方式，必须了解断路器及其接线的基本要求。断路器基本接线是相似的，都需满足以下要求：

（1）应能进行手动、继电保护和自动装置跳、合闸。跳、合闸操作完成后，应

能自动切断跳、合闸脉冲电流。

（2）应有防止断路器多次合闸的“跳跃”闭锁装置。

（3）应能指示断路器的合闸和跳闸位置状态。

（4）自动跳、合闸应有明显信号。

（5）应能监视熔断器的工作状态及跳、合闸回路的完整性。

二、断路器控制回路图的识读方法

识读断路器控制回路图，首先需要看清图纸名称和相关说明，了解控制回路图具体对应的是哪一个断路器等相关情况。

在工作实际中断路器控制回路图通常为展开接线图。图 TYBZ00502010–1 是灯光监视的断路器控制回路图。图中 L+和 L–为正、负控制回路电源；M100 为闪光信号小母线；+和–为正、负合闸小母线；M708 为事故音响信号小母线；–700 为负信号电源小母线。在对回路具体内容识读时，可采用识读电气接线图的基本方法分以下几步进行：

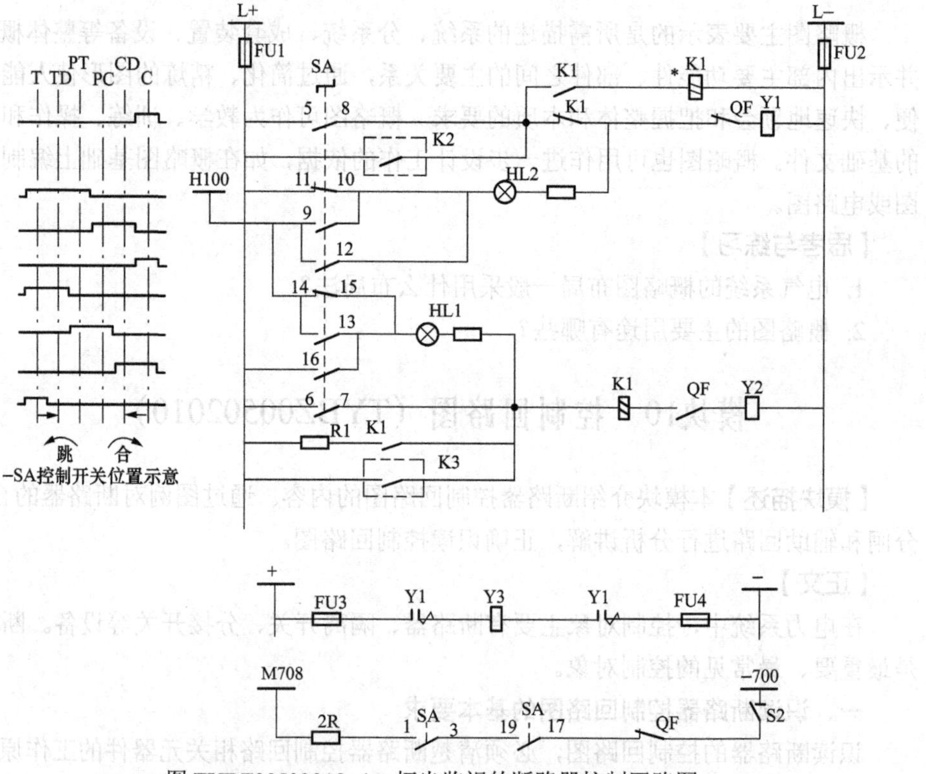

图 TYBZ00502010–1 灯光监视的断路器控制回路图

1. 分清主电路和辅助电路并找出主电路的关键元件

断路器最主要是合、分闸操作，合闸回路和跳闸回路是控制回路的主电路。控制元件和控制对象合闸接触器线圈 Y1、跳闸线圈 Y2 是关键元件。

2. 回路简化

按照从电源引入线开始，根据电流流向，依次找出接主电路所经过的主要元器件的方法，将图 TYBZ00502010–1 简化为图 TYBZ00502010–2，跳合闸各有手动、自动 2 个控制元件。图 TYBZ00502010–2 中，在合闸回路中引入了断路器 QF 的动断（常闭）触点，在合闸前是闭合的。将控制开关 SA 的手柄转至“合闸”位置，触点 5–8 接通，合闸接触器线圈 Y1 中有电流流过，接触器的触点闭合，将合闸线圈 Y3 回路接通，断路器即合闸。当合闸过程完成，与断路器联动的辅助触点 QF 断开，自动切断合闸线圈中的电流。同样，在跳闸回路中引入了 QF 的动合（常开）触点，控制开关 SA 转至“跳闸”位置，触点 6–7 接通，跳闸线圈 Y2 中有电流流过，断路器跳闸。与 SA 触点并联的保护继电器触点 K3 和自动装置触点 K2，可实现自动跳、合闸。

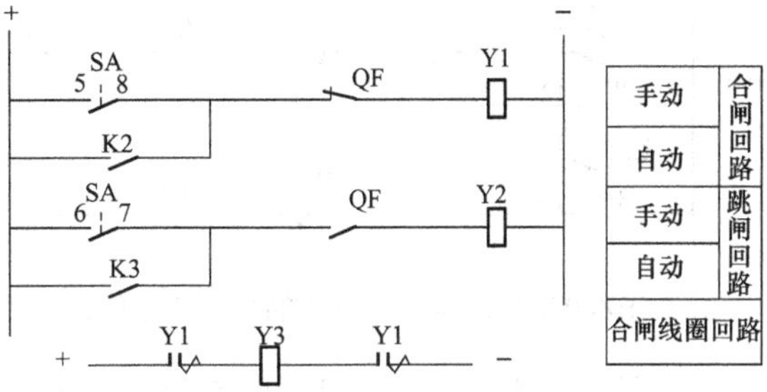

图 TYBZ00502010–2 简化的控制回路图

3. 分析主电路其他元件

在简化图纸的基础上，分析主电路其他元件的功能。如图 TYBZ00502010–3 所示是在图 TYBZ00502010–2 的基础上加上其他元件，与图 TYBZ00502010–2 相比是增加了一个中间继电器 K1，称跳跃闭锁继电器。它的电流启动线圈串联在跳闸回路中，电压自保持线圈经过自身的动合（常开）触点并联在合闸接触器回路中。其工作原理如下：当利用控制开关 SA 或自动装置 K2 进行合闸时，如合闸在断路故障上，继电保护装置动作，K3 闭合，将跳闸回路接通，使断路器跳闸。同时跳闸电流也通过防跳继电器 K1 的电流线圈，使 K1 动作，其动断（常闭）触点断开合闸回路，动合触点接通 K1 的电压线圈。此时，如果合闸脉冲未解除，如控制开关未复归，则 K1 的电压线圈通过 SA 的 5–8 触点或 K2 的触点实现自保持，长期断开合闸回路，使断路器不能再次合闸。

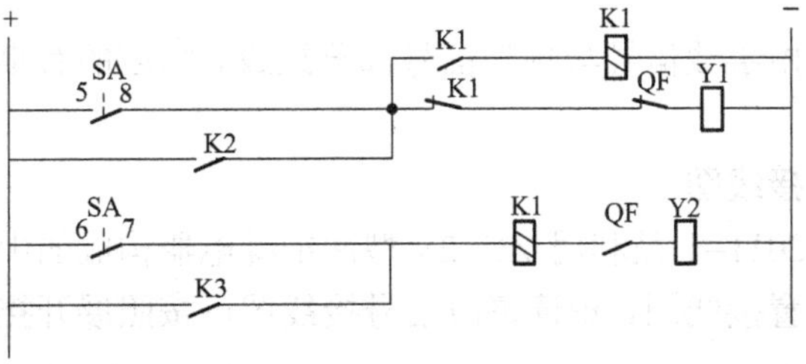

图 TYBZ00502010–3 带跳跃闭锁继电器的简化控制回路图

4. 其他回路分析

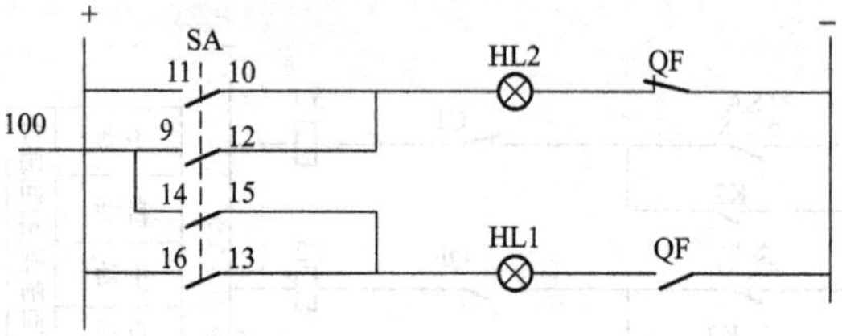

图 TYBZ00502010–4 断路器的灯光信号回路

图 TYBZ00502010–4 是断路器的灯光信号回路。当手动操作使断路器跳闸时，操作后控制开关是处在“跳闸后”位置，SA 的 10–11 触点接通，绿灯 HL2 发平光，指示断路器在跳闸状态。当断路器由继电保护动作自动跳闸时，控制开关仍处在“合闸后”位置，而断路器已跳开，两者位置不一致，此时绿灯经 SA 的 9–12 触点接至闪光电源小母线 M100，由于电源是连续的间断脉冲，所以绿灯开始闪光。

图 TYBZ00502010–5 是启动事故音响回路，图中 SA 的 1–3 触点和 17–19 触点串联，满足只在“合闸后”位置才接通的要求，避免控制开关转动到“预备合闸”和“合闸”位置的瞬间引起事故音响信号。

图 TYBZ00502010–5 启动事故音响回路

5. 总体分析

在前面几步的的基础上，对整图各回路按电流流动逐元件进行梳理。

【思考与练习】

1. 识读控制回路图的基本步骤有哪些？

2. 请分析图 TYBZ00502010–1 合闸回路和分闸回路中各元件的作用。

模块11 中央信号图（TYBZ00502011）

【模块描述】本模块介绍中央信号图的内容。通过对中央信号功能的讲解和图示例的分析，能正确识读中央信号图。

【正文】

中央信号装置由事故信号与预告信号部分组成。相应的有事故信号接线图和预告信号接线图。

一、事故信号接线图

图 TYBZ00502011–1 是利用 ZC–23 型冲击继电器构成的中央复归能重复动作的事故音响信号装置接线图。识读事故信号接线图可按照展开接线图的识读方法结合自身特点进行：

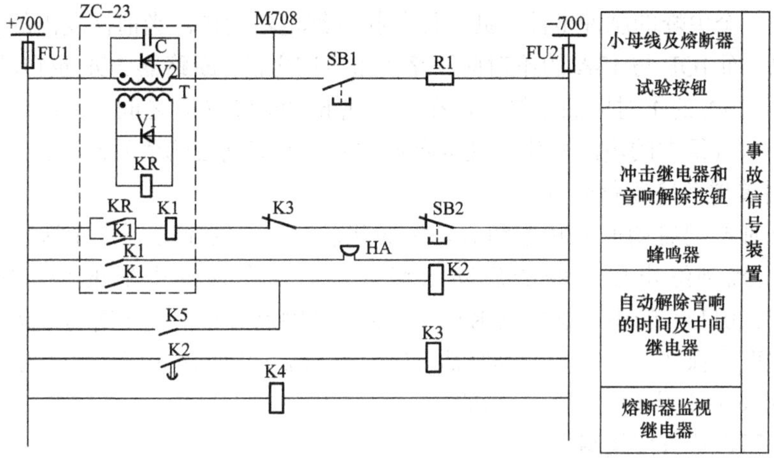

图 TYBZ00502011–1　事故音响信号装置接线图

1. 弄清楚关键元件的工作原理和工作方式

图 TYBZ00502011–1 示例的重复动作是利用冲击继电器（亦称信号脉冲继电器）来实现的。冲击继电器有各种不同的型号，但其共同点是都有一个脉冲变流器和相应的执行元件，在该图中标注的是 ZC–23 型冲击继电器。KR 为干簧继电器，做执行元件用；并联于脉冲变流器 T 一次侧的二极管 V2 和电容器 C 起抗干扰作用；并联于 T 二次侧的二极管 V1 的作用是将由于一次回路电流突然减少而产生的反方向电动势所引起的二次电流旁路掉，使其不流入 KR 的线圈。因为干簧继电器不同于极化继电器，它本身没有极性，任何方向的电流都能使其动作。

2. 根据工作顺序从启动回路开始分析

图 TYBZ00502011–2 为事故音响信号的启动回路图。当接于事故音响小母线 M708 和负信号电源小母线–700 之间的任一路不对应启动回路接通时（1QF 与 1SA 回路接通），在 T 的一次绕组中将流过直流电流，瞬变过程中产生感应电动势，二

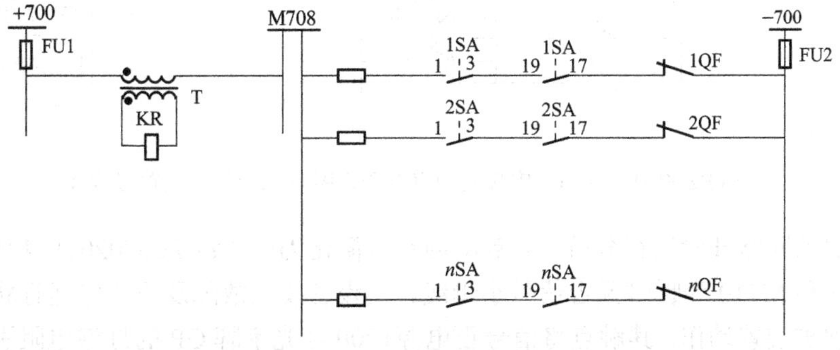

图 TYBZ00502011–2　事故音响信号的启动回路图

次电流是一个尖峰的脉冲电流，此电流使执行继电器动作。当前次发出的音响信号已被解除，而 1QF 与 1SA 的不对应回路尚未复归之前，断路器 2QF 也自动跳闸时，则 2QF 与 2SA 的不对应回路接通，在小母线 M708 与–700 之间又并联一个支路，引起 T 一次绕组中的电流变化，继电器再次动作并启动音响信号装置。

3. 对装置回路逐行分析

分析时要把启动前的状态和启动后的状态对比。对于分开表示法表示的继电器，要先找到继电器线圈的启动回路，然后找全该继电器的触点回路。图 TYBZ00502011–1 的中间继电器 K1 有三对动合触点，其中：一对与 KR 的触点并联，以实现自保持；一对启动蜂鸣器 HA；一对启动时间继电器 K2。中间继电器 K5 的触点是由预告信号回路引来的。

二、预告信号接线图

图 TYBZ00502011–3 是 ZC–23 型冲击继电器构成的中央复归重复动作瞬时预告信号装置接线图。识读方法与事故信号接线图相似。

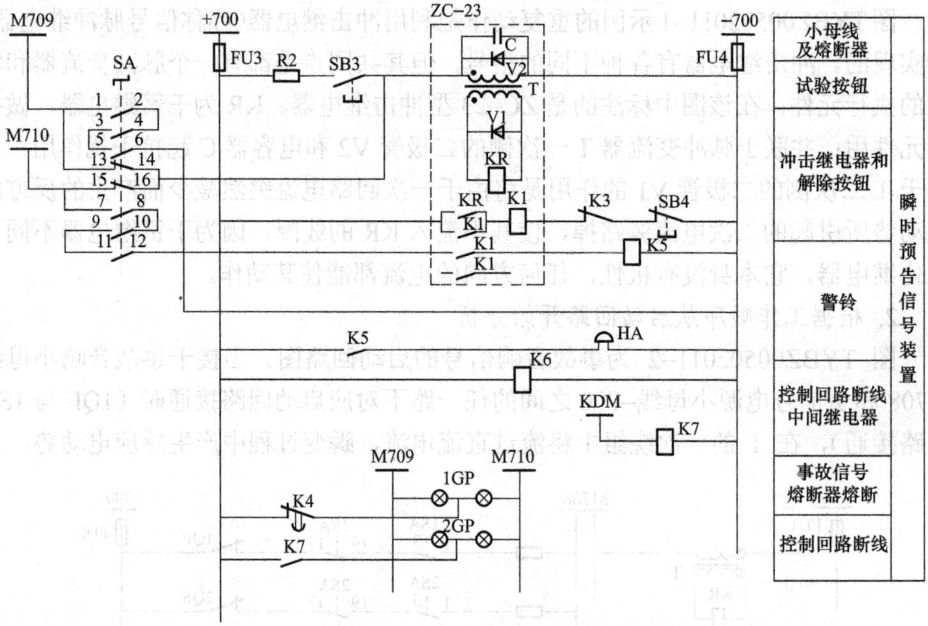

图 TYBZ00502011–3　中央复归重复动作瞬时预告信号装置接线图

从启动回路开始逐行分析。其启动回路可简化为图 TYBZ00502011–4 所示。图中 M709 和 M710 为瞬时预告信号小母线。当设备发生故障及不正常运行状态时，相应的保护装置动作，其触点将信号正电源+700 经光字牌 GP 的灯泡电阻引至预告小母线 M709 和 M710 上。转换开关 SA 平时是在“工作”位置，其触点 13–14 和

15–16是连通的，其余触点都是断开的，此时，冲击继电器的脉冲变流器T的一次绕组中有电流流过，KR继电器启动。

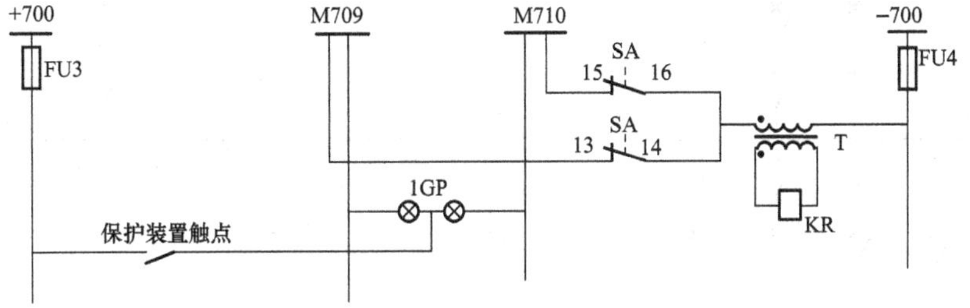

图 TYBZ00502011–4　启动回路简化图

【思考与练习】

1. 中央信号图包括哪两方面的内容？
2. 识读中央信号图一般从哪个回路开始分析？

模块12　主接线图（TYBZ00502012）

【模块描述】本模块介绍电气主接线图。通过简单介绍分析发电厂和变电所的典型一次主接线图以及主接线图绘制要求，能正确识读电气主接线图。

【正文】

一、电气主接线的概念

电气主接线是由高压电器通过连接线，按其功能要求组成接受和分配电能的电路，成为传输强电流、高电压的网络，又称一次接线。用规定的设备文字和图形符号并按工作顺序排列，详细地表示电气设备或成套设备装置的全部基本组成和连接关系的单线接线图，成为主接线电路图，简称主接线图。

二、主接线图的绘制要求

（1）主接线图中各种电气设备、材料均应注明型式、主要规范，主要元件应注明名称编号，尽可能与运行单位的习惯一致。

（2）主接线图一般用单线图表示，为说明相别或三相设备不一致时可用三线图表示。

（3）主接线图应区分本期和原有部分，且应按远景规划在右上角标出远景接线图。

（4）主接线图的范围包括各级电压出线及高压厂用变压器，表明厂用各级电压的工作电源与备用电源的连接，并规范标注开关柜型号、方案编号、间隔编号、柜内设备。

三、典型接线方式

1. 单母线接线

（1）单母线接线。单母线接线的特点是整个配电装置只有一组母线，每个电源线和引出线都经过开关电器接到同一组母线上。如图 TYBZ00502012-1（a）所示。

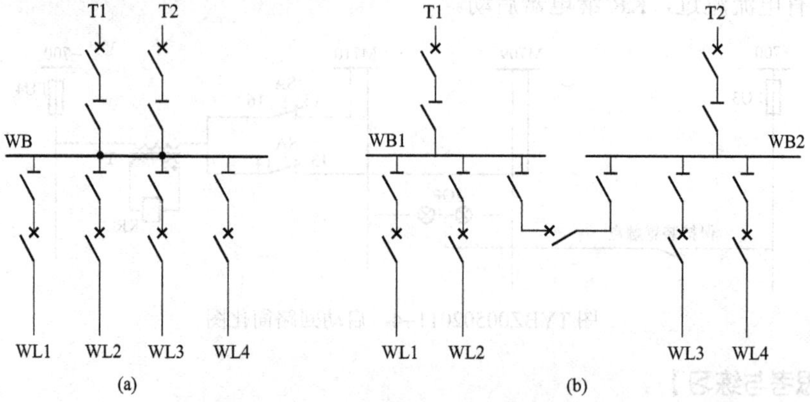

图 TYBZ00502012-1 单母线接线

（a）简单单母线接线；（b）单母线分段接线

（2）单母线分段接线。为了提高单母线的供电可靠性和灵活性，可以把单母线分成几段在每段母线之间装设一个分段断路器和两个隔离开关。每段母线上均接有电源和出线回路。如图 TYBZ00502012-1（b）所示为单母线分段接线。

（3）单母线带旁路母线的接线。断路器经过长期运行和切断数次短路电流后按规程规定都需要检修。为了检修出线断路器，不中断供电，可增设旁路母线和旁路断路器。如图 TYBZ00502012-2 所示，W2 为旁路母线，QF2 为旁路断路器。检修时，可通过旁路断路器供电。

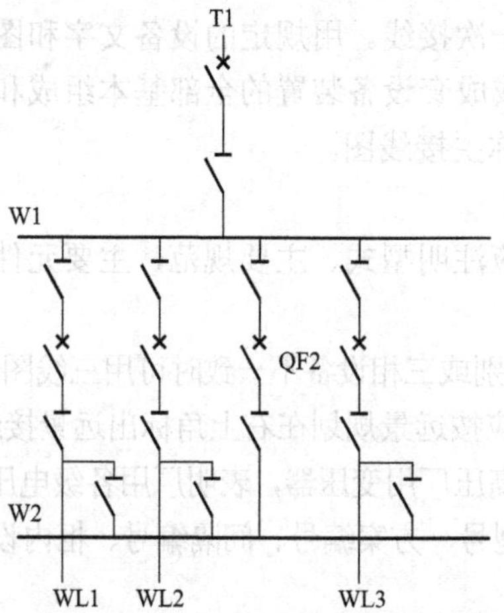

图 TYBZ00502012-2 单母线带旁路接线

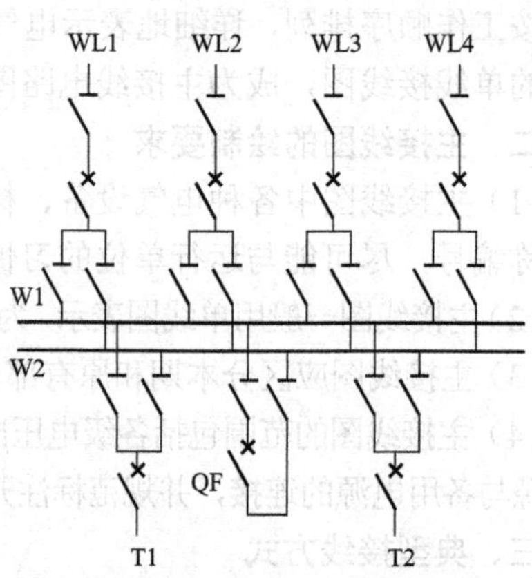

图 TYBZ00502012-3 双母线接线

2. 双母线接线

双母线的两组母线同时并通过母线联络断路器并联运行，电源与负荷平均分配在两组母线上。如图 TYBZ00502012–3 所示，两组母线为 W1、W2，QF 为母线联络断路器。

当进出线回路较多时，还有双母线分段、双母线带旁等接线方式。

3. 桥型接线

桥型接线按桥断路器的位置，分为内桥接线和外桥接线。

（1）内桥接线。图 TYBZ00502012–4 为内桥接线图。跨接桥（断路器 QF3）靠近变压器侧，可以提高输电线路的灵活性。如线路 WL2 检修时，可断开 QF2，T2 通过桥开关从 WL1 受电。

（2）外桥接线。图 TYBZ00502012–5 为外桥接线图。跨接桥（断路器 QF3）靠近线路侧，方便变压器的投切，适用于线路短、变压器操作较多的情况。

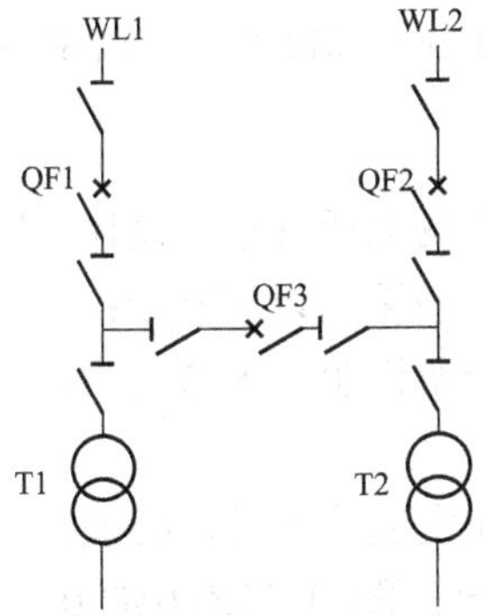

图 TYBZ00502012–4　内桥接线

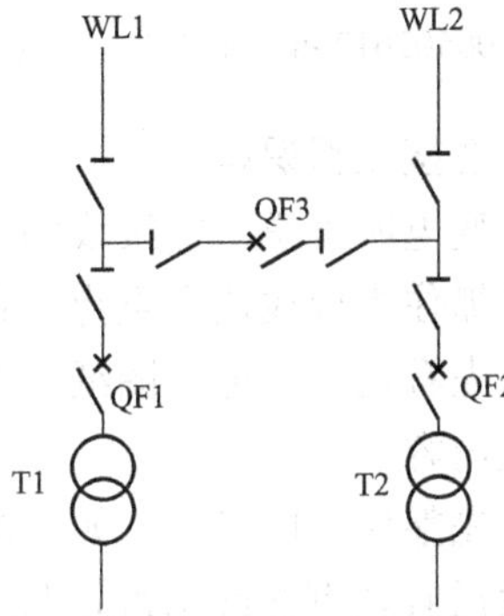

图 TYBZ00502012–5　外桥接线

4. 单元接线

（1）变压器—线路单元接线。变压器—线路单元接线是接线最简单、设备最少的接线方式，如图 TYBZ00502012–6 所示。

（2）发电机—变压器单元接线。发电机—变压器单元接线是大型电厂采用的简单可靠的接线方式。如图 TYBZ00502012–7 所示，发电机与双绕组变压器组成单元接线，发电机出口不装设断路器，为调试发电机方便可装设隔离开关。

5. 一台半断路器接线

一台半断路器是一种没有多回路集结点，一个回路由两台断路器供电的双重连接的多环形接线，是现代国内外大型电厂和变电所超高压配电装置广泛应用的一种接线。这种接线至少应有三串（每串为三台断路器，接两个回路），将电源线路和负荷线路配成一串。图 TYBZ00502012–7 中的配电装置为一台半断路器接线。

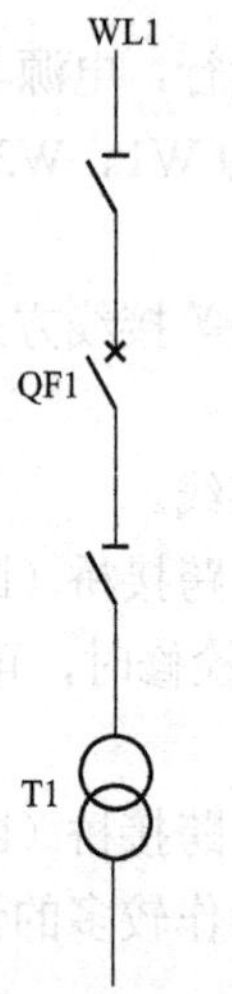

图 TYBZ00502012-6　变压器—线路单元接线

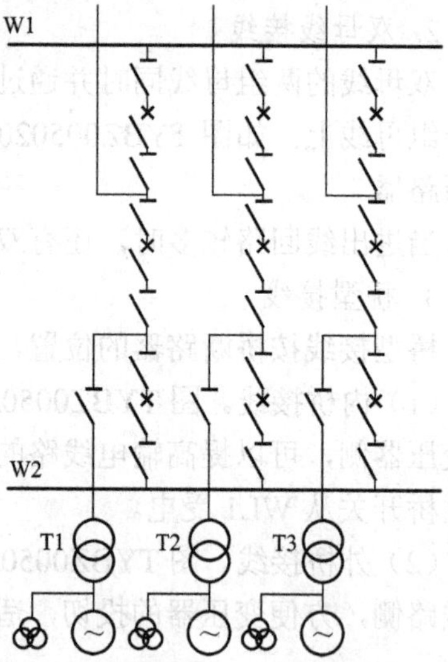

图 TYBZ00502012-7　一台半断路器接线

四、主接线图识读

对于变电所来说，主接线图是最重要的图纸。在变电所规划、设计、运行过程中，都是抓住主接线这个重点。在看主接线图时，一般采用以下几步：

（1）先看说明，再看图纸。查看相关说明书、分册说明和图纸说明，可以帮助理解图纸内容。

（2）先整体，再局部。如分期建设的变电所，在安装施工时，必须首先看远景接线，然后看现有接线情况，最后再看本期工程内容。图 TYBZ00502012-8 为某 110kV 变电所主接线图（请见文后插页）。由图可知为分期建设，由于没有原有部分，因此本期为第一期。图中右上为远景图。

（3）抓住关键设备，简化图纸。对于变电所，关键设备是变压器。对变压器各侧配电装置可逐个单独简化。图 TYBZ00502012-8 中变电所远景为 3 台两圈变，有两个电压等级——110kV 和 10kV。110kV 部分为内桥接线加线路变压器组，10kV 部分为单母线四分段。本期只上一条 110kV 进线，一台主变压器，10kV 一条母线。

（4）根据电流分配方向，逐元件分析。图 TYBZ00502012-8 为降压变电所（见文后插页），按照 110kV 配电装置、主变压器、10kV 配电装置顺序分析阅读。在主接线图中，一般将相关元件的型号、参数等标注在元件图形符号旁。当图形复杂、回路较多，限于图幅，无法标注时，一般另外单独绘制详图，识读时必须找准对应关系。

【思考与练习】

1. 主接线图的绘制有哪些要求？

2. 识读主接线图有哪些步骤？

参 考 文 献

[1] 金建源，新标准二次电路图识读. 北京：中国水利水电出版社，2004.
[2] 李显民，李阳，李春梅. 电气制图与识图. 北京：中国电力出版社，2006.
[3] 董崇庆，陈黎来. 电力工程识绘图. 北京：中国电力出版社，2004.
[4] 高炳岩. 电力工程识绘图. 北京：中国电力出版社，2006.
[5] 文峰. 电气二次接线识图. 北京：中国电力出版社，2000.

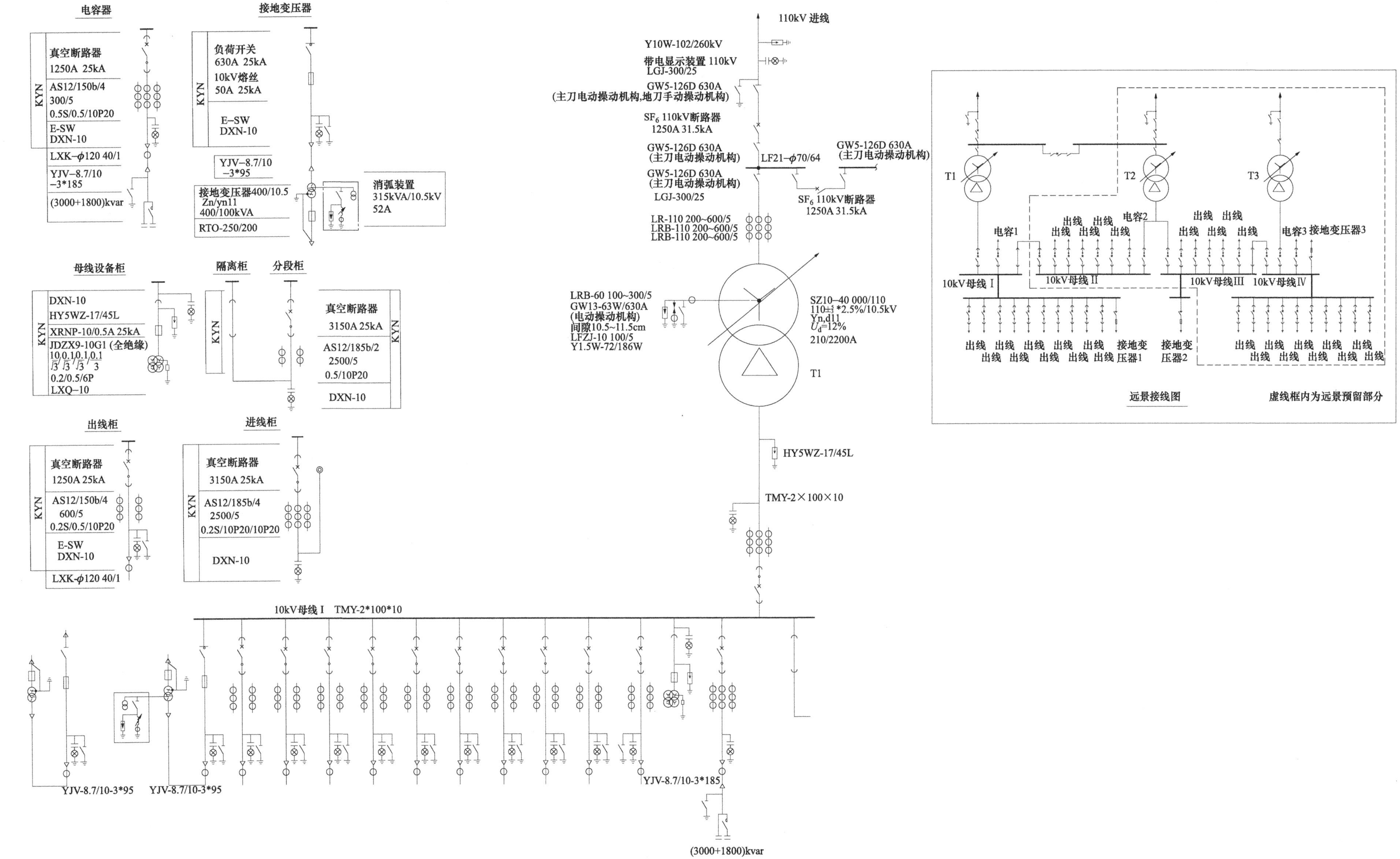

编号	56	57	1	2	3	4	5	6	7	8	9	10	11	12	13	14	15	16	17	18
回路名称	接地变压器2	负荷2	消弧控制1	消弧线圈1	接地变压器1	负荷1	出线1	出线2	出线3	出线4	出线5	出线6	出线7	出线8	出线9	出线10	母设1	电容1	T1	隔离1-2

图TYBZ00502012-8　110kV变电所主接线图